KOMPLETNA KSIĄŻKA KUCHARSKA RYB I OWOCÓW BRAZYLIJSKICH

100 PYSZNYCH PRZEPISÓW, KTÓRYMI MOŻNA SIĘ CIESZYĆ

TOMASZ KRUPA

retransmitowanej w jakiejkolwiek formie bez pisemnej wyraźnej i podpisanej zgody autora.

WPROWADZANIE

Kuchnia brazylijska wywodzi się z wpływów portugalskich, afrykańskich, rdzennych Amerykanów, hiszpańskich, francuskich, włoskich, japońskich i niemieckich. Różni się znacznie w zależności od regionu, odzwierciedlając mieszankę ludności rodzimej i imigrantów, a także wielkość kontynentu. Stworzyło to kuchnię narodową naznaczoną zachowaniem różnic regionalnych. Brazylia jest największym krajem zarówno w Ameryce Południowej, jak iw regionie Ameryki Łacińskiej. Jest piątym co do wielkości krajem na świecie, zarówno pod względem obszaru geograficznego, jak i liczby ludności, z ponad 202 000 000 mieszkańców.

Bycie silnie spokrewnionym z Portugalią, która zawsze miała silny związek z morzem; nie dziwi fakt, że Brazylia tak szeroko zaadoptowała owoce morza i ryby w swojej tradycyjnej kuchni. Jedną z potraw wyróżniających się w tej kategorii w Brazylii jest Moqueca, ogólne określenie gulaszu rybnego, które dziś przekształciło się w tak wiele różnych potraw... Wiele regionów Brazylii stworzyło własną wersję Moqueca, opartą na naturalnie występujące gatunki ryb na każdym z wybrzeży tego regionu.

Brazylia może być najbardziej znana z wołowiny, grilla i wolno gotowanych gulaszów, ale mimo to kraj ten ma ponad 5000 mil linii brzegowej i rozległy system Amazonki, który zapewnia dostęp do produktywnych łowisk morskich i słodkowodnych. W rezultacie ryby takie jak lucjan, dorsz i snook są licznie obecne w narodowej diecie. Podobnie jak w przypadku całej brazylijskiej kuchni, różnice na rozległym obszarze kraju są znaczne.

OKOŃ MORSKI

1. Pieczony okoń morski w stylu brazylijskim

Wydajność: 1 Porcja

Składnik

- 3 funty filetów z okonia morskiego o grubości 1 cala
- 1 łyżeczka soli
- 2 łyżki mąki
- 2 średnie pokrojone cebule
- $\frac{1}{4}$ szklanki oliwy z oliwek
- ⅓kubek Ocet z białego wina
- 3 ząbki czosnku, puree lub
- Mielony

- 1 łyżeczka Przygotowana żółta musztarda
- 2 łyżki suszonej pietruszki
- 1 łyżka świeżego soku z cytryny
- $\frac{1}{4}$ szklanki wytrawnego białego wina
- $\frac{1}{4}$ łyżeczki mielonej kolendry

a) Posyp ryby solą; lekko posyp mąką. Ułóż rybę w płytkim naczyniu do pieczenia o wymiarach 8*12 cali. Podsmaż cebulę na oliwie z oliwek na patelni, aż wiotcze; połóż na rybie. Połącz ocet winny, czosnek, oregano i musztardę, pietruszkę, kolendrę i sok z cytryny; dobrze wymieszaj i polej rybę .

b) Wlej wino do ryb; piec bez przykrycia w 350 piekarnikach przez około 45 minut. Można użyć mintaja lub halibuta.

2. Grillowany okoń morski z sosem

Wydajność: 4 Porcje

Składnik

- 4 małe całe okonie morskie
- 4 łyżki oliwy z oliwek; podzielony
- istota
- ½ szklanki posiekanej cebuli
- 1 szklanka obrana; posiekany, posiekany roma toma
- ⅓ filiżanka pestek czarnych oliwek
- 1 szklanka świeżej fasoli fava; blanszowane, obrane
- 1 łyżka mielonego czosnku

- 2 łyżeczki mielonych filetów anchois
- 1 łyżka drobno posiekanej świeżej pietruszki
- 1 łyżka posiekanej świeżej bazylii
- 1 łyżka posiekanego świeżego tymianku
- 1 łyżka posiekanego świeżego oregano
- $\frac{1}{2}$ szklanki białego wina
- 1 sztyft masła; pokroić w łyżki
- 1 sól; do smaku
- 1 świeżo zmielony czarny pieprz; do smaku
- 2 łyżki drobno posiekanej natki pietruszki

a) Rozgrzej grill. Za pomocą ostrego noża wykonaj trzy cięcia w poprzek każdej ryby pod kątem. Każdą rybę natrzyj 2 łyżkami oliwy z oliwek i dopraw Emeril's Essence. Umieść rybę na gorącym grillu i grilluj przez 4 do 5 minut z każdej strony, w zależności od wagi każdej ryby. Na patelni podgrzej pozostałą oliwę z oliwek. Gdy olej będzie gorący, podsmaż cebulę przez 1 minutę. Dodaj pomidory, czarne oliwki i fasolę fava. Dopraw solą i pieprzem. Smaż przez 2 minuty.

b) Dodać czosnek, anchois, świeże zioła i białe wino. Doprowadź płyn do wrzenia i gotuj na wolnym ogniu. Dusić przez 2 minuty.

c) Dodać masło, po łyżce stołowej.

3. Okoń Morski z Ciecierzycą i Miętą

- 2 sztuki wytrzymałej folii aluminiowej o powierzchni 12 cali kwadratowych;
- 1 łyżka oliwy z oliwek
- 2 funty filetów z okonia morskiego
- 1 szklanka listków mięty, umytych i łodyg
- 1 średni pomidor, pokrojony w grube plastry
- 1 mała słodka biała cebula, pokrojona w cienkie plasterki
- $\frac{1}{2}$ szklanki ugotowanej ciecierzycy
- 1 łyżeczka mielonego kminku
- $\frac{1}{2}$ łyżeczki mielonej kolendry
- $\frac{1}{4}$ łyżeczki pieprzu cayenne
- $\frac{1}{4}$ łyżeczki mielonego cynamonu
- Sól i świeżo zmielony czarny pieprz

a) Rozgrzej grill.

b) Rozłóż jeden kawałek folii, posmaruj olejem i ułóż na wierzchu filety z basu. Na filety ułożyć listki mięty, pomidor, cebulę, ciecierzycę, kminek, kolendrę, cayenne, cynamon oraz sól i pieprz do smaku.

c) Owiń folię wokół warstw i zagnij razem u góry. Owiń drugi kawałek folii wokół pierwszego, ale zagnij razem na dole. Tworzy to bezpieczne opakowanie, w którym bas i inne składniki mogą parować.

d) Połóż paczkę na grillu i gotuj przez 6 do 8 minut. Obróć i gotuj 4 do 5 minut dłużej, aż ryba będzie jędrna w dotyku.

e) Zdejmij opakowanie z ognia, otwórz folię i podawaj.

4. Grouper z sosem Tandoori

- 1 szklanka jogurtu naturalnego
- $\frac{1}{4}$ szklanki grubo pokrojonego świeżego imbiru
- 4-5 szalotek, obranych i grubo pokrojonych (w tym wszystkie warzywa z wyjątkiem $\frac{1}{2}$ cala)
- 6-8 obranych ząbków czosnku
- 2 łyżki proszku tandoori
- Sok z $\frac{1}{2}$ cytryny (około $1\frac{1}{2}$ łyżki)
- $\frac{1}{2}$ łyżeczki soli morskiej
- 4 sztuki 12-calowej na 18-calowej wytrzymałej folii aluminiowej
- 2 funty filetów z granika, pokrojone na cztery równe kawałki

a) Rozgrzej grill.

b) Zmiksuj jogurt, imbir, szalotkę, czosnek, proszek tandoori, sok z cytryny i sól w misce robota kuchennego przez 1 minutę. Zeskrobać boki i purée przez 30 sekund lub do zmiksowania. Odłożyć na bok.

c) Gumową szpatułką wyjmij sos z miski malaksera i obficie natrzyj po obu stronach każdego fileta. Połóż filety na folii, nałóż łyżką resztki sosu, zawiń na aluminium i mocno zagnij, aby uzyskać mocne zamknięcie.

d) Połóż saszetki na grillu i gotuj przez 5 minut; odwrócić i gotować przez 5 minut dłużej, aż filety będą jędrne w dotyku.

e) Zdejmij woreczki z ognia i pozwól gościom otworzyć i odkryć ich parujący obiad.

5. Grillowany Okoń w Cornhusks

- 2 kłosy świeżej kukurydzy
- 2 funty filetów z basa drobnogębowego, pokrojonych na cztery kawałki
- 4 łyżki niesolonego masła, pokrojonego na kawałki
- Sok z 1 cytryny (ok. 3 łyżki)
- Sól i świeżo zmielony czarny pieprz
- cząstki cytryny

a) Rozgrzej grill.

b) Ostrożnie obierz łuski kukurydzy i odłóż na bok. Zdejmij cały jedwab z każdej kolby.

c) Trzymając kolby pionowo, pokrój ostrym nożem w dół, odcinając kukurydzę w rzędach. Odrzuć kolby i odłóż pokrojoną kukurydzę na bok.

d) Rozłóż i sprasuj na płasko dwie lub trzy łuski na filet. Posyp warstwę kukurydzy na liściach i ułóż filet pod kątem prostym do łuski, po jednym na wierzchu każdego „paczki".

e) Przykryj filety pozostałą kukurydzą. Kukurydzę posyp kawałkami masła.

f) Posyp każdy filet sokiem z cytryny i dopraw solą i pieprzem.

g) Złóż łuski na wierzchu torebek ze wszystkich stron (aby uformować kształt koperty) i zabezpiecz wykałaczkami.

h) Połóż na grillu na około 6 minut; odwrócić ostrożnie łopatką i gotować 6 minut dłużej, aż łuski będą lekko zwęglone.

i) Podawaj od razu z ćwiartkami cytryny.

6. Bass pręgowany z pędami ożypałki

- 8–10 pędów ożypałki, usunięto zielone wierzchołki
- 6–8 smardzów, oczyszczonych i przyciętych
- $\frac{1}{2}$ szklanki oliwy z oliwek plus 1 łyżka stołowa
- $\frac{1}{2}$ szklanki świeżego tymianku, odszypułkowanego i oczyszczonego
- $\frac{1}{2}$ łyżeczki soli
- 1 łyżeczka świeżo zmielonego czarnego pieprzu
- $1\frac{1}{2}$ funta polędwicy z basa w paski
- Sól i świeżo zmielony czarny pieprz
- 2 łyżki masła
- Sok z 1 małej cytryny

a) Rozgrzej grill.

b) Usuń twardą zewnętrzną warstwę z pałki i pokrój po przekątnej, tak jak szalotki. Odłożyć na bok.

c) W małej miseczce wymieszaj ½ szklanki oliwy i tymianku oraz sól i pieprz.

d) Za pomocą pędzla lub łyżki posmaruj filet z basu i przenieś go na grilla.

e) W międzyczasie rozgrzej masło i pozostałą 1 łyżkę oleju na patelni na średnim ogniu. Smażyć smardze przez 3 do 4 minut, aż grzyby zmiękną. Dodaj pokrojone pędy ożypałki, zmniejsz ogień i gotuj przez 2-3 minuty dłużej. Zmniejsz ogień i utrzymuj ciepło.

f) Grilluj bas przez 4 do 5 minut z każdej strony

g) Podziel na cztery Porcje i umieść na ciepłych talerzach. Łyżką smardze i pałki obok bassa. Skropić okonia sokiem z cytryny i doprawić solą i pieprzem. Natychmiast podawaj.

7. Okoń Pasiasty z Sosem Krewetkowym

- 1 duża słodka biała cebula, drobno posiekana
- 3-4 obrane ząbki czosnku
- 2 łyżeczki drobno posiekanego świeżego imbiru
- 1 łyżeczka chili w proszku
- 2½ łyżki oleju rzepakowego
- 1½ funta pasiastych filetów z basu
- 1 średni pomidor, pokrojony w kostkę
- 1 łyżka pasty z krewetek
- Sok z ½ cytryny (około 1½ łyżki)
- Gotowany biały ryż

a) W misce malaksera rozdrobnij cebulę, czosnek, imbir i chili w proszku pięć lub sześć razy. Zeskrob boki i purée przez 1 do 2 minut lub do uzyskania gładkiej konsystencji.

b) Rozgrzej olej na średniej patelni na średnim ogniu. Dodać zmiksowane składniki, wymieszać, zmniejszyć ogień i gotować około 15 minut pod przykryciem, od czasu do czasu mieszając, aż zgęstnieje.

c) W międzyczasie rozgrzej grill.

d) Filety ułożyć na posmarowanym olejem ruszcie i smażyć 3-4 minuty. Odwrócić i gotować 4 do 5 minut dłużej lub do jędrności. Przenieś się na półkę grzewczą grilla.

e) Dodaj pomidory na patelnię, gotuj przez 3 do 4 minut, mieszaj w Paście Krewetkowej i mieszaj przez 1 minutę.

f) Przełóż filety na patelnię, nakładając na wierzch sos. Skrop sokiem z cytryny, przykryj na 1 do 2 minut i zdejmij z ognia.

g) Rybę podzielić na cztery porcje, polać sosem i od razu podawać z białym ryżem.

h) SŁUŻBY 4

DORSZ

8. Brazylijskie ciasta z dorsza

Wydajność: 1 Porcja

Składnik

- 10 uncji soli dorsza; grubo pokrojone
- 8 uncji mącznych ziemniaków
- Masło
- mleko
- 3 łyżki (czubate) natki pietruszki
- 1 łyżka (czubata) mięty; drobno posiekane
- Świeżo zmielony czarny pieprz
- 3 jajka; rozdzielony
- 1 łyżka porto

- Olej do głębokiego smażenia

a) Dorsza odsączyć i dobrze wypłukać pod zimną bieżącą wodą.

b) W rondelku zalej świeżą wodą, zagotuj i gotuj przez 20 minut, aż dorsz zmięknie. Gdy dorsz się gotuje, ugotuj ziemniaki w skórkach, a następnie obierz i rozgnieć z masłem i mlekiem. Gdy dorsz jest gotowy, dokładnie odsącz go i usuń skórę i kości.

c) Pokrój dorsza kilkoma widelcami. Dodaj ziemniaki w śmietanie, pietruszkę, miętę, pieprz i żółtka oraz porto. Dokładnie wymieszać. Białka ubić na sztywną pianę, a następnie dodać do masy z dorsza. Weź bryłę mieszanki, mniej więcej wielkości małego jajka, i uformuj ją w dłoni, aby uzyskać kształt torpedy.

d) Smażyć na głębokim tłuszczu w oleju o temperaturze 375 stopni, aż będzie chrupiący i przyrumieniony. Odcedź na ręczniku papierowym i podawaj na gorąco.

9. Brazylijski dorsz solony

Wydajność: 4 Porcje

Składnik

- 1½ funta do 2 funtów namoczonego suszonego dorsza
- 2 duże cebule, pokrojone w plastry
- 6 łyżek masła
- 1 ząbek Czosnek, mielony
- 3 duże ziemniaki
- 2 łyżki bułki tartej
- 10 zielonych oliwek bez pestek
- 10 czarnych oliwek
- 4 jajka ugotowane na twardo
- ½ szklanki posiekanej świeżej pietruszki
- Ocet winny

- Oliwa z oliwek
- Świeżo zmielony czarny pieprz

a) Dorsza włożyć do rondla i dolać tyle zimnej wody, aby go przykryć. Doprowadzić do wrzenia.

b) Mięso rozdrobnić widelcem na duże kawałki. Podsmaż cebulę na 3 łyżkach masła, aż będą miękkie i złociste. Dodaj czosnek. Ziemniaki w mundurkach gotujemy w osolonej wodzie. Gdy zmiękną (około 20 minut) zdjąć z ognia, włożyć pod zimną bieżącą wodę i zdjąć skórki. Odcedź i pokrój na ćwierćcalowe kawałki.

c) Rozgrzej piekarnik do 350 st. F. Nasmaruj półtoralitrową zapiekankę pozostałymi 3 łyżkami masła. Ułóż warstwę połowy ziemniaków, potem połowy dorsza, a następnie połowy cebuli. Posyp odrobiną pieprzu i powtórz nakładanie warstw. Posyp bułkę tartą na wierzchniej warstwie.

d) Piecz przez 15 minut lub aż się podgrzeje i lekko się zrumieni.

10. Czarny Dorsz z Pomarańczowym Sorbetem

- 1½ szklanki sorbetu pomarańczowego
- ½ szklanki drobno posiekanej świeżej mięty
- Sok z 1 dużej pomarańczy (około ½ szklanki) plus skórka (około 2 łyżki)
- 1½ funta filetów z czarnego dorsza

a) Rozgrzej grill.

b) Rozpuść sorbet w 4-litrowym rondlu na średnim ogniu.

c) Dodaj miętę, sok pomarańczowy i połowę skórki. Zmniejsz ogień do średniego i gotuj bez przykrycia przez 7 do 8 minut, aż zmniejszy się o jedną trzecią. Odstawić do ostygnięcia.

d) Ułóż filety w płytkim pojemniku i polej je sosem; odwrócić i dokładnie okryć. Wstaw do lodówki na 30 minut.

e) Wyjmij filety z marynaty i przełóż na grilla. Gotuj 4 minuty. Obróć i posmaruj dodatkową marynatę na wierzchu. Gotuj 4 minuty dłużej lub do momentu, gdy ryba będzie lekko miękka po szturchaniu.

f) Podziel na cztery równe porcje, udekoruj pozostałą skórką pomarańczową i podawaj.

SŁUŻBY 4

11. Dorsz w Sosie Puttanesca

- 2 sztuki wytrzymałej folii aluminiowej, każda 12 cali kwadratowych
- 2 funty fileta z dorsza
- 1 łyżka oliwy z oliwek
- 2 pory, odcięte zielone szypułki, pokrojone w cienkie plasterki
- 1 średni pomidor, pokrojony w kostkę
- $\frac{1}{4}$ szklanki szampana (lub wytrawnego białego wina)
- 8-10 oliwek kalamata, bez pestek i pokrojonych w plastry
- 3-4 ząbki czosnku, mielone
- 2 łyżki kaparów
- 1 łyżeczka świeżego oregano

- 1 łyżeczka octu balsamicznego
- 1 łyżeczka świeżo zmielonego czarnego pieprzu
- Sól

a) Rozgrzej grill.

b) Ułóż dorsza na folii, posmaruj go oliwą i nałóż na niego por, pomidor, szampan, oliwki, czosnek, kapary, oregano, ocet, pieprz i sól do smaku.

c) Mocno zaciśnij folię dookoła. Owiń pakiet drugim kawałkiem folii, zagniatając go po przeciwnej stronie. Upewnij się, że pakiet jest bezpieczny. Połóż go na grillu bezpośrednio nad ogniem. Gotuj przez 8 do 10 minut; odwrócić i gotować 3 do 4 minut dłużej. Otwórz opakowanie i wbij czubek noża w filet. Jeśli wydaje się jędrne, gotowe.

d) Zdejmij z ognia, odkryj i przenieś naczynie na duży półmisek.

DLA 2–4

12. Śniadaniowe Ciastka Rybne Hugo

Służy 4

- 400 g (14 uncji) ugotowanych ziemniaków z głównego zbioru, mącznych
- 300g (11 uncji) fileta z dorsza
- 225 ml (8 uncji) pełnotłustego mleka
- 1 obrany pasek skórki z cytryny
- 1 liść laurowy
- 40g (1½ uncji) masła
- 2 łyżeczki oliwy z oliwek
- 1 mała cebula, drobno posiekana
- garść pietruszki
- 1 łyżeczka świeżego soku z cytryny
- 25g (1oz) mąki pszennej
- 1 duże jajko, ubite
- 100g (4oz) świeżej białej bułki tartej

a) Na patelnię wrzuć rybę, mleko, skórkę z cytryny, liść laurowy i trochę czarnego pieprzu. Przykryj, zagotuj i gotuj na wolnym ogniu przez 4 minuty lub do czasu, aż ryba się ugotuje.

b) Rozpuść 15 g ($\frac{1}{2}$ uncji) masła na średniej wielkości rondelku, dodaj 1 łyżeczkę oliwy z oliwek i cebulę i smaż delikatnie przez 6–7 minut, aż będą miękkie i przezroczyste, ale nie zarumienione. Dodaj puree ziemniaczane i pozwól im się ogrzać; następnie dodaj rybę, pietruszkę, sok z cytryny i 2 łyżki mleka w koszulce i dobrze wymieszaj.

c) Put the egg into a shallow dish and the breadcrumbs into another. Using slightly wet hands, form the mixture in the flour into eight fishcakes about 1cm ($\frac{1}{2}$in) thick. Dip them into the beaten egg and then the breadcrumbs, put onto a baking tray and chill them for 1 hour(or better still overnight) in the fridge.

d) Na nieprzywierającej patelni rozgrzać pozostałe masło i ostatnią łyżeczkę oleju, aż masło się rozpuści, dodać placki rybne i smażyć je delikatnie przez około 5 minut z każdej strony na złoty kolor.

13. Gulasz z brazylijskiego rybaka

Wydajność: 6 Porcji

Składnik

- 3 cebule, pokrojone w plastry
- ½ łyżeczki czosnku, posiekanego
- 2 łyżki margaryny
- 16 uncji białej fasoli, odsączonej
- 2 litry wody
- 2 liście laurowe
- 16 uncji wywaru z kurczaka
- 16 uncji duszonych pomidorów

- $1\frac{1}{2}$ łyżeczki tymianku
- 1 funta Biała Ryba
- $\frac{1}{4}$ szklanki soku z cytryny
- $\frac{1}{2}$ szklanki wody

a) W dużym garnku podsmaż cebulę i czosnek w margarynie, aż cebula będzie przezroczysta, około 5 minut. Dodać fasolę, 2 litry wody, liście laurowe, wywar z kurczaka, pomidory i tymianek. Doprowadzić do wrzenia; zmniejszyć ogień i gotować 30 minut.

b) Na osobnej patelni duś rybę w soku z cytryny i $\frac{1}{2}$ szklanki wody, aż ryba będzie łatwo rozdrobniona widelcem, 5-10 minut.

c) Odcedź wodę z cytryny; dodaj rybę do gulaszu i dokładnie podgrzej przed podaniem.

SARDYNKI I MAKRELA

14. Gulasz z grillowanych sardynek

Wydajność: 4 Porcje

Składnik

- 4 łyżki oliwy z oliwek
- 1 szklanka mielonej cebuli
- 2 liście laurowe
- 1 sól; do smaku
- 1 świeżo zmielony czarny pieprz; do smaku
- ½ funta kiełbasy chorizo; w plasterkach o grubości 1/4
- 12 całych ząbków czosnku; obrane, blanszowane
- 1 szklanka obrana; posiekany, posiekany świeży tom

- ½ funta młodych ziemniaków; poćwiartowane
- 2 łyżeczki posiekanych listków świeżego tymianku
- 2 łyżeczki posiekanej świeżej bazylii
- 2 łyżeczki posiekanej świeżej natki pietruszki
- 1 kwarta bulionu z kurczaka
- 16 świeżych sardynek
- 16 drewnianych szpikulców; namoczone w wodzie

a) W dużym rondlu rozgrzać na średnim ogniu 2 łyżki oleju. Gdy olej będzie gorący, dodaj cebulę. Za pomocą rąk zmiażdż liście laurowe na cebuli. Dopraw solą i pieprzem.

b) Smaż przez 8 minut. Dodaj kiełbasę i gotuj przez 2 minuty. Dodaj ząbki czosnku i pomidory. Dopraw solą i pieprzem. Smaż przez 2 minuty. Dodaj ziemniaki i zioła.

c) Dodaj bulion z kurczaka i zagotuj płyn. Wymieszaj sardynki z pozostałą oliwą z oliwek. Dopraw solą i pieprzem. Na każdy drewniany szpikulec nałóż cztery sardynki. Połóż szaszłyki na grillu i gotuj przez 2 minuty z każdej strony.

d) Wyjmij z grilla. Przed podaniem nałóż gulasz na środek każdej płytkiej miski. Połóż jeden szpikulec sardynek na gulasz i podawaj.

15. Faszerowane Sardynki

- 14 dużych (lub 20 małych sardynek)
- 14-20 świeżych liści laurowych
- 1 pomarańcza, przekrojona wzdłuż na pół, a następnie pokrojona
- do farszu
- 50g (2oz) porzeczek
- 4 łyżki oliwy z oliwek z pierwszego tłoczenia
- 1 cebula, drobno posiekana
- 4 ząbki czosnku, drobno posiekane
- szczypta pokruszonych suszonych chilli
- 75g (3 uncje) świeżej białej bułki tartej
- 2 łyżki świeżo posiekanej natki pietruszki
- 15g ($\frac{1}{2}$ uncji) filetów z sardeli w oliwie z oliwek, odsączonych
- 2 łyżki małych kaparów, posiekanych

- skórka z $\frac{1}{2}$ małej pomarańczy plus sok z pomarańczy
- 25g (1 uncja) drobno startego pecorino lub parmezanu
- 50 g (2 uncje) orzeszków piniowych, lekko podpieczonych

a) Do farszu przykryj porzeczki gorącą wodą i odstaw je na 10 minut, aby się nabrały. Na patelni rozgrzać olej, dodać cebulę, czosnek i pokruszone suszone papryczki chilli i smażyć delikatnie przez 6–7 minut, aż cebula będzie miękka, ale nie zarumieniona. Zdejmij patelnię z ognia i wymieszaj bułkę tartą, pietruszkę, anchois, kapary, skórkę pomarańczową i sok, ser i orzeszki pinii. Porzeczki dobrze odcedź i wymieszaj, a następnie dopraw do smaku solą i pieprzem.

b) Nałóż łyżką około $1\frac{1}{2}$ łyżki farszu wzdłuż główki każdej sardynki i zwiń w kierunku ogona. Zapakuj je ciasno w naoliwione płytkie naczynie do pieczenia.

c) Rybę lekko doprawić solą i pieprzem, skropić odrobiną oleju i piec przez 20 minut. Podawać w temperaturze pokojowej lub na zimno jako część asortymentu przystawek.

16. Nadziewana Makrela

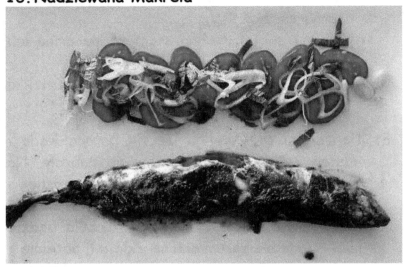

Służy 4

- 4 makrele, oczyszczone i przycięte
- 40g (1½ uncji) masła
- 1 łyżeczka cukru pudru
- 1 łyżeczka musztardy angielskiej w proszku
- 1 łyżeczka pieprzu cayenne
- 1 łyżeczka papryki
- 1 łyżeczka mielonej kolendry
- 2 łyżki octu z czerwonego wina
- 1 łyżeczka świeżo zmielonego pieprzu
- 2 łyżeczki soli
- za sałatkę miętowo-pomidorową
- 225 g (8 uncji) małych, dojrzałych pomidorów, pokrojonych w plastry

- 1 mała cebula, pokrojona na pół i bardzo cienko pokrojona
- 1 łyżka świeżo posiekanej mięty
- 1 łyżka świeżego soku z cytryny

a) Rozpuść masło w małej brytfannie. Zdejmij z ognia, wymieszaj cukier, musztardę, przyprawy, ocet, pieprz i sól i dobrze wymieszaj. Dodaj makrelę do przyprawionego masła i obróć je raz lub dwa razy, aż dobrze pokryją się miksturą, rozprowadzając również trochę w zagłębieniu każdej ryby. Przełóż je na lekko naoliwioną blachę do pieczenia lub ruszt patelni grillowej i grilluj przez 4 minuty z każdej strony, aż się upieczą.

b) W międzyczasie do sałatki ułóż pokrojone pomidory, cebulę i miętę na czterech półmiskach i posyp je sokiem z cytryny i odrobiną przypraw. Połóż ugotowaną makrelę i podawaj z kilkoma smażonymi pokrojonymi w plasterki ziemniakami, jeśli chcesz.

MAŁŻE I MAŁŻE

17. Małże po Brazylii

Wydajność: 3 Porcje

Składnik

- 1½ kilograma małże
- 4 Szalotki drobno posiekane
- 1 posiekany ząbek czosnku
- 2 łyżki oliwy z oliwek
- 3 łyżeczki masła
- ⅔kubek Wytrawne białe wino
- ⅓szklanka wody
- 3 łyżeczki drobno posiekanej pietruszki

- 2 gałązki świeżego tymianku lub szczypta suszonego tymianku
- 2 liście laurowe
- ½ łyżeczki mielonego czarnego pieprzu
- 125 mililitrów Świeża śmietana
- Ekstra posiekana pietruszka
- Ćwiartki cytryny

a) Jeśli muszle małży są popękane lub złamane, wyrzuć je. Jeśli małże są lekko otwarte, postukaj mocno, a jeśli się nie zamykają, wyrzuć.

b) Delikatnie podsmaż czosnek i szalotki na oliwie z oliwek i maśle, aż będą przezroczyste, ale nie zabarwione. Dodać wino, wodę, pietruszkę, tymianek, liść laurowy, pieprz i małże. Wlej śmietanę na wierzch.

c) Przykryj patelnię, zagotuj i gotuj na dużym ogniu przez około 4 minuty, cały czas potrząsając patelnią. Muszle otworzą się, gdy małże się ugotują.

18. Brazylijska zapiekanka z owocami morza?

Wydajność: 4 Porcje

Składnik

- ½ szklanki oliwy z oliwek
- 250 gramów pokrojonej w kostkę wieprzowiny
- 2 Cebule; posiekany
- 2 pomidory; obrane i posiekane
- 2 paluszki cabanossi; pokrojony
- 2 ząbki czosnku; zgnieciony
- 3 szklanki ryżu Sunlong Long Grain
- 2 szklanki wody
- 1 szklanka białego wina
- ¼ łyżeczki Szafranu
- 2 łyżeczki gorącej wody

- 500 gramów Zielonych krewetek; obierać i rozwijać
- 500 gramów małży; brody usunięte
- 2 okapy kalmary; pokrojony
- $\frac{1}{2}$ szklanki mrożonego groszku

a) Rozgrzej połowę oleju na dużej patelni. Smaż wieprzowinę, cebulę, pomidory, kabanos i czosnek przez 3 minuty. Wyjmij na talerz.

b) Podgrzej pozostały olej w tej samej patelni. Ryż Sauté Sunlong Long Grain przez 1 minutę. Wymieszać z wodą, winem i kombinacją szafranu i gorącej wody. Dusić bez przykrycia przez 5 minut.

c) Dodaj mieszankę owoców morza i wieprzowiny. Dusić pod przykryciem przez 5 minut, od czasu do czasu mieszając. Dusić jeszcze 5 minut bez przykrycia. Wymieszać z groszkiem.

d) Dusić przez kolejne 5 minut lub do wchłonięcia całego płynu i zmiękczenia ryżu.

e) Zapiekankę podawać z zieloną sałatą i chrupiącym chlebem.

19. Brazylijskie pieczenie małży

Wydajność: 4 Porcje

Składnik

- 4 małe czerwone ziemniaki
- $\frac{1}{2}$ funta kiełbasy chorizo; pokrojony
- 4 kiełbaski śniadaniowe
- 4 hot dogi
- 4 cebule; obrane
- 2 kłosy kukurydzy; wymiotowany, złamany
- 2 liście laurowe
- sól dla smaku
- pieprz czarny świeżo zmielony; do smaku
- pokruszone płatki czerwonej papryki; do smaku
- 2 kwarty parowców; (miękkie małże)
- 3 łyżki posiekanej zielonej cebuli

- 3 łyżki posiekanej natki pietruszki; do przybrania

a) W dużym garnku wymieszać ziemniaki, kiełbaski, parówki, cebulę, kukurydzę i liście laurowe. Zalej około 3 litrami zimnej wody i dopraw do smaku solą, pieprzem i pokruszoną czerwoną papryką.

b) Doprowadzić do wrzenia, zmniejszyć ogień i dusić 20 minut. Dodaj małże, przykryj i gotuj, aż się otworzą, około 15 minut. Możesz podawać to bezpośrednio z garnka przy stole.

20. Brazylijski gulasz z małży

Wydajność: 4 Porcje

Składnik

- 2 szklanki Młode ziemniaki; ćwiartki, gotowane
- 1 łyżka oliwy z oliwek
- 1 funt kiełbasy Chorizo; około 4 linków
- ⅔ filiżanka Cebula; posiekany
- ¼ szklanki kolendry; posiekany
- 2 łyżki czosnku; mielony
- 2 łyżki szalotki; mielony
- 2 szklanki Ziemniaków; średnie kości
- 2 łyżeczki soli
- ½ łyżeczki pokruszonej czerwonej papryki
- 1 łyżeczka czarnego pieprzu
- 4 szklanki wywaru z krewetek

- 48 małży małogardłowych; wyszorowane
- 1 szklanka włoskich pomidorów śliwkowych; obrane
- ½ szklanki zielonej cebuli; posiekany
- 2 łyżeczki esencji
- ¾ szklanki pieczonego czosnku aioli
- 12 kromek Chrupiącego chleba
- 2 łyżki natki pietruszki; posiekany

a) Rozgrzej piekarnik do 375 stopni F. Na patelni rozgrzej oliwę z oliwek. Gdy patelnia będzie gorąca, dodaj chorizo. Kiełbasę podsmażyć przez 2-3 minuty.

b) Dodaj cebulę, kolendrę, czosnek, szalotkę, ziemniaki, sól, pokruszoną czerwoną paprykę, czarny pieprz i sos krewetkowy. Doprowadzić do wrzenia. Dodaj małże, pomidory, szczypiorek i esencję. Przykryj patelnię i gotuj na dużym ogniu, aż wszystkie małże się otworzą, około 5 minut. Usuń z ognia. Na grzanki: Rozłóż 1 łyżkę aioli na każdej kromce chleba.

c) Piecz przez 2-3 minuty lub do złotego koloru. Umieść gulasz w płytkiej misce i podawaj z grzankami. Udekoruj posiekaną natką pietruszki.

21. Brazylijskie małże gotowane na parze

Wydajność: 2 Porcje

Składnik

- 2 uncje szynki gotowanej; dobrze posiekany
- $\frac{1}{4}$ szklanki drobno posiekanej szalotki
- 2 ząbki czosnku; mielony
- $\frac{1}{2}$ łyżeczki suszonych płatków ostrej papryki
- 3 łyżki oliwy z oliwek
- $\frac{1}{2}$ szklanki wytrawnego białego wina
- $\frac{1}{2}$ Czerwona papryka; dobrze posiekany
- 18 małych małży o twardej skorupie
- 1 łyżka świeżego soku z cytryny; plus
- 2 łyżeczki Świeżego soku z cytryny; lub do smaku

- ⅓ filiżanka drobno posiekane świeże liście kolendry

a) W kotle podsmażyć na oleju szynkę, szalotkę, czosnek i paprykę płatki na umiarkowanie małym ogniu, mieszając przez 3 minuty, dodać wino, paprykę i małże i gotować na parze pod przykryciem, przez 5 minut lub do momentu, gdy małże zaczną się otwierać.

b) Przenieś otwierane małże za pomocą szczypiec do 2 podgrzewanych misek, przykryj je i kontynuuj gotowanie na parze nieotwartych małży, potrząsając czajnikiem i przenosząc małże podczas otwierania, przez maksymalnie 10 minut

c) Zdejmij czajnik z ognia, wymieszaj sok z cytryny i kolendrę do bulionu i polej bulionem małże.

22. Zupa krem z małży z szafranem

Służy 4

- 750g (1lb 10oz) małych małży, oczyszczonych
- 4 łyżki wytrawnego białego wina
- 50g (2 uncje) masła
- 225 g (8 uncji) obranego selera, posiekanego
- 125g (4½ uncji) pora, pokrojonego
- 1 mały ząbek czosnku, posiekany
- około 750 ml bulionu rybnego
- dobra szczypta pasm szafranu
- 175g (6oz) dojrzałych pomidorów
- 4 łyżki kremu fraîche

a) Na średniej wielkości patelnię wrzuć małże i 2 łyżki wina. Umieścić na dużym ogniu i gotować przez 2-3 minuty lub do momentu, aż małże się otworzą.

b) W czystej patelni roztopić masło, dodać seler, por, czosnek i resztę wina. Przykryj i gotuj delikatnie przez 5 minut.

c) Włóż całą lub dwie łyżki małży do dużego dzbanka miarowego i uzupełnij do 900 ml wywaru rybnego. Dodaj do garnka z warzywami wraz z szafranem i pomidorami, przykryj i gotuj na wolnym ogniu przez 30 minut.

d) Pozostaw zupę do ostygnięcia, a następnie zmiksuj, aż będzie gładka. Najpierw przecedź przez sito, następnie ponownie przełóż przez chinois na czystą patelnię, ponownie zagotuj. Dodaj crème fraîche i trochę przypraw do smaku.

e) Zdejmij patelnię z ognia i zamieszaj małże, aby je krótko podgrzać, ale nie pozwól im gotować się więcej, niż już mają.

23. Razor Małże a la Plancha

Służy 4

- 24 małże brzytwy, umyte
- dobrej jakości oliwa z oliwek extra virgin
- cząstki cytryny
- do podania świeżo posiekana natka pietruszki, płatki soli morskiej i świeżo zmielony czarny pieprz

a) Podgrzej dużą patelnię z grubym dnem lub płaską patelnię na dużym ogniu, aż będzie bardzo gorąca. Dodaj trochę oliwy z oliwek i jedną warstwę małży, zawiasami do dołu.

b) Jak tylko się otworzą, odwróć je tak, aby mięso stykało się z dnem patelni i gotuj przez około 1 minutę, aż lekko się zrumienią.

c) Odwróć małże z powrotem, skrop trochę oliwą z oliwek i połóż je na rozgrzanym talerzu do serwowania. Podawaj z ćwiartką lub dwoma cytrynami i posyp posiekaną natką pietruszki, odrobiną soli morskiej i świeżo zmielonym czarnym pieprzem oraz sokami z patelni. Powtórz proces z pozostałymi małżami.

24. Schłodzone Skorupiaki Z Kremowym Aioli

Serwuje 6

- 1,5 kg (3lb 5 uncji) małych małży, małych małży lub sercówek lub mieszanka
- 150ml ($\frac{1}{4}$ pinty) wytrawnego białego wina
- 500 g (1 funt) ugotowanych krewetek północnoatlantyckich w skorupie, bez głowy, ale bez reszty skorupy
- aïoli (patrz poniżej)
- 3 łyżki świeżo posiekanej natki pietruszki
- dużo świeżego francuskiego pieczywa

a) Skorupiaki włóż do dużego rondla z winem, przykryj i gotuj na dużym ogniu, od czasu do czasu potrząsając patelnią przez 2-3 minuty lub do momentu, aż wszystkie się otworzą. Wrzuć je do durszlaka ustawionego nad miską, aby zebrać soki z gotowania.

b) Włóż 3 łyżki płynu do gotowania na ostudzoną patelnię z aïoli i krótko ubij, aż będzie gładka. Włóż skorupiaki do sosu z krewetkami i 2 łyżkami natki pietruszki. Dobrze wymieszać i pozostawić do wystygnięcia, ale nie chłodzić.

c) Przed podaniem nałóż skorupiaki na duży owalny półmisek lub pojedyncze talerze i posyp pozostałą natką pietruszki. Podawać z dużą ilością świeżego francuskiego pieczywa.

d) Aby zrobić aioli, ułóż 4 zmiażdżone ząbki czosnku i $\frac{1}{2}$ łyżeczki soli na gładką pastę. Zeskrob do miski i dodaj 1 średnie żółtko i 2 łyżeczki soku z cytryny. Ubij trzepaczką elektryczną powoli dodając olej.

25. Miękkie muszle atlantyckie na parze

Wydajność: 1 Porcja

Składnik

- 4 każdy tuzin małych małży z miękkiej skorupy w muszli

- 1 szklanka wody

- 1 łyżka przyprawy do owoców morza

- $\frac{1}{4}$ łyżeczki pieprzu

- 1 łyżka margaryny

a) Posyp przyprawami. Przykryj szczelnie, zagotuj i zmniejsz ogień. Gotuj 10 do 15 minut lub do otwarcia skorupek. Odsącz małże, zachowując płyn.

b) Odcedź płyn i dodaj margarynę.

c) Podawaj gorące małże w muszelkach z bulionem z boku do maczania.

Krewetki i Krewetki

26. Krewetka po brazylijsku na ostro

Wydajność: 1 Porcja

Składnik

- 2 funty krewetek Jumbo, obranych i pozbawionych pestek
- 1 łyżka mielonego czosnku
- 1 łyżka drobno zmielonego świeżego czerwonego chili cayenne, posiekanego
- ½ szklanki oliwy z oliwek z pierwszego tłoczenia, najlepiej importowanej z Brazylii
- ½ szklanki oliwy z oliwek z pierwszego tłoczenia

- Sos z czerwonej papryki, do smaku

a) W szklanym naczyniu do pieczenia wrzucić krewetki z czosnkiem, chilli i oliwą z oliwek. Przykryć i marynować w lodówce przez co najmniej 24 godziny. Rozgrzej grill lub brojler i gotuj krewetki, posmarowując od czasu do czasu marynatą, przez 2 do 3 minut z każdej strony.

b) W małej misce wymieszaj ½ szklanki oliwy z oliwek i sos z czerwonej ostrej papryki, do smaku.

c) Gorące grillowane krewetki podawaj z sosem do maczania.

27. Tempura z owocami morza

Służy 8

- 250g (9oz) kalmarów (woreczki i macki)
- 20 surowych krewetek tygrysich
- 250g (9oz) skórki fileta z soli cytrynowej
- dużo oleju słonecznikowego do smażenia
- za ciasto do tempury
- 115g ($4\frac{1}{4}$ uncji) mąki pszennej
- 115g ($4\frac{1}{4}$ uncji) mąki kukurydzianej
- 300 ml ($\frac{1}{4}$ pinty) lodowatej wody sodowej z nowej butelki
- sól morska
- do sosu sojowo-imbirowego
- 90ml (3fl oz) ciemnego sosu sojowego
- 2 cienkie plasterki obranego świeżego korzenia imbiru, bardzo drobno posiekanego

- $\frac{1}{2}$ pęczka cienkiej dymki, bardzo cienko pokrojonej
- do słodkiego sosu chili
- 150 ml (5 uncji) słodkiego sosu chilli
- 1 łyżka jasnego sosu sojowego
- $\frac{1}{4}$ łyżeczki chińskich pięciu przypraw w proszku
- $1\frac{1}{2}$ łyżki zimnej wody

a) Wymieszaj składniki na każdy sos do maczania.

b) Przesiej połowę mąki, połowę mąki kukurydzianej i szczyptę soli do dużej miski, a pozostałą mąkę, mąkę kukurydzianą i szczyptę soli przesiej do drugiej.

c) Wrzuć do ciasta osiem kawałków mieszanych owoców morza, wyjmuj po jednym na raz i natychmiast wrzuć do gorącego oleju. Smaż przez 1 minutę, aż będzie chrupiąca i lekko złocista, a następnie wyjmij i odsącz na dużej ilości papieru kuchennego.

28. Zupa z kluskami z krewetkami i kluskami

Służy 4

Do zupy

- 3,5 litra bulionu drobiowego
- 8 ząbków czosnku, pokrojonych w plastry
- 5 cm (2 cale) kawałek imbiru
- 3 łyżki tajskiego sosu rybnego
- 160g (5¾oz) cienkiego makaronu w stylu azjatyckim
- 1 średnio ostre czerwone chili, pokrojone w cienkie plasterki
- 4 łyżeczki soku z limonki
- 30g (1¼ uncji) cebuli dymki, pokrojonej w plastry
- 125g (4½ uncji) świeżych kiełków fasoli
- mała garść świeżej mięty i kolendry

Na pierogi

- 240 g (8½ uncji) chudego mielonego mięsa wieprzowego
- 2g szczypta tajskiej pasty z krewetek
- 1 jajko
- 80g (3 uncje) obranych surowych krewetek

a) Włóż bulion do dużego rondla wraz z sosem czosnkowym, imbirowym i rybnym. Gotuj na wolnym ogniu przez 1 godzinę. Odcedź na czystą patelnię i gotuj na wolnym ogniu, aż zmniejszy się do 1,2 litra (2 litry). Trzymaj się gorąco.

b) Aby zrobić pierogi, wrzuć mieloną wieprzowinę do robota kuchennego z pastą z krewetek, jajkiem i ¼ łyżeczki soli i zmiksuj na gładką pastę. Krewetki pokroić wzdłuż. Przełóż pastę z mielonej wieprzowiny do miski i wymieszaj posiekane krewetki. Uformuj 10–15 g (¼-½ uncji) kawałków masy w małe kulki i umieść na otwartym parowarze z płatkami.

c) Podgrzej cztery głębokie miski do zupy w niskim piekarniku. Napełnij dużą płytką patelnię wodą na głębokość 2 cm ($\frac{3}{4}$in) i zagotuj. Dodaj płatki do gotowania na parze z knedlami, zmniejsz ogień, gotuj na wolnym ogniu, przykryj i gotuj na parze przez 4 minuty lub do ugotowania.

29. Brazylijski gulasz z owoców morza?

Wydajność: 10 Porcji

Składnik

- ¾ funtów dorsza Filety rybne
- 1 funt Średnie krewetki
- ¼ szklanki soku z limonki; podzielony
- ½ łyżeczki sosu pieprzowego
- 1 łyżeczka soli; podzielony
- 2 łyżki oliwy z oliwek
- 1 szklanka posiekanej cebuli
- 1 szklanka posiekanej zielonej papryki

- 2 duże ząbki czosnku; mielony
- 4 szklanki obrane całe pomidory w puszkach
- $\frac{3}{4}$ filiżanka mleka kokosowego
- 1 szklanka posiekanej zielonej cebuli
- 1 szklanka posiekanej świeżej kolendry
- Ryż gotowany na gorąco

a) W płytkiej misce bez aluminium wymieszać rybę, krewetki, 2 łyżki soku z limonki, 1/4 łyżeczki sosu pieprzowego i 1/2 łyżeczki soli; wrzucić do wymieszania. Przykryj i marynuj w lodówce 30 minut. Na dużej patelni, na średnim ogniu, rozgrzej olej; smażyć cebulę, zielony pieprz i czosnek do miękkości. Rozbij pomidory; dodaj do patelni. Dodaj mleko kokosowe, pozostałe 2 łyżki soku z limonki, 1 łyżeczkę sosu pieprzowego i 1/2 łyżeczki soli. Dobrze wymieszaj. Doprowadzić do wrzenia, zmniejszyć ogień i dusić 2-3 minuty. Dodaj marynowaną rybę i gotuj na wolnym ogniu 10 minut lub aż owoce morza będą ugotowane.

b) Dodaj krewetki i gotuj jeszcze przez 5 minut. Tuż przed podaniem dodaj zieloną cebulę i kolendrę.

ŁOSOŚ

30. Vina z łososia

Wydajność: 1 Porcja

Składnik

- 2 szklanki octu
- 4 szklanki wody
- 2 łyżeczki cynamonu
- 4 łyżeczki mielonego kminku
- 6 dużych ząbków czosnku, rozgniecionych
- Sól i pieprz do smaku
- Łosoś

a) Wymieszaj wszystkie składniki w dużym czajniku i dobrze wymieszaj.

b) Dodaj plasterki łososia i dobrze wymieszaj, aby każdy plasterek wchłonął przyprawy i czosnek.

c) Pozostaw w solance na noc, ale nie dłużej niż 24 godziny, ponieważ łosoś ma tendencję do robienia się papkowaty.

d) Wyjąć z solanki, obtoczyć w kruszonce lub mączce krakersowej i podsmażyć na gorącym oleju.

31. Kebaby z Łososia i Borowików

- ¼ szklanki oliwy z oliwek
- ¼ szklanki pietruszki, drobno posiekanej
- ¼ szklanki świeżego tymianku, drobno posiekanego na łodygach
- 2 łyżki soku z cytryny
- 2 łyżki grubo zmielonego czarnego pieprzu
- 1 łyżeczka soli
- 1½ funta filetów z łososia, pokrojonych w 24 kostki
- 1 do 1½ funta grzybów
- 8 drewnianych szaszłyków
- cząstki cytryny

a) W dużej misce wymieszaj oliwę, pietruszkę, tymianek, sok z cytryny, sól i pieprz.

b) Dodaj kawałki łososia, dokładnie wymieszaj, przykryj i wstaw do lodówki na 1 godzinę.

c) Rozgrzej grill.

d) Wyjmij miksturę z lodówki, dodaj pokrojone pieczarki i wymieszaj, aby obtoczyć je w marynacie. Odcedź w durszlaku.

e) Na przemian łosoś i grzyby na szaszłykach, aby zrobić osiem kebabów, każdy ułożony z trzema kawałkami ryby i trzema kawałkami grzybów.

f) Namoczone szaszłyki położyć na posmarowanym olejem grillu i smażyć 4 minuty. Obróć i gotuj 4 minuty dłużej, aż filety będą lekko miękkie w dotyku.

32. Grillowany Dziki Łosoś Królewski

- 1 homar, 1¾ funta
- ½ szklanki roztopionego masła
- 2 funty filetów z łososia
- ¼ szklanki drobno posiekanej czerwonej cebuli
- 3 łyżki białego octu
- 2 łyżki wody
- ¼ szklanki ciężkiej śmietany
- 2 łyżki drobno posiekanego świeżego estragonu
- 4 łyżki (½ patyczka) masła
- Sól i świeżo zmielony czarny pieprz
- Kawałki cytryny i sok
- Sałatka z Krwawej Pomarańczy

a) Skrop masłem i sokiem z cytryny do wgłębienia homara.

b) Połóż homara na grzbiecie na grillu, nad wędzarnią. Zamknij pokrywkę i wędź przez około 25 minut. Przełóż na deskę do krojenia i usuń mięso z ogona i pazurów, zachowując koral i wszystkie soki w lodówce.

c) Aby przygotować beurre blanc, zagotuj cebulę, ocet i wodę w średnim rondlu na średnim ogniu; zmniejszyć ogień i gotować na wolnym ogniu przez 3 do 4 minut lub do zmniejszenia o około połowę. Dodaj śmietanę i estragon; gotować na wolnym ogniu przez 1 do 2 minut lub do zmniejszenia o połowę. Ubij kawałki masła.

d) Przygotuj grill i połóż łososia na gorącej stronie.

e) Dodaj kawałki homara i soki do rondla z beurre blanc, wymieszaj i podkręć ogień na średnio wysoki. Dusić pod przykryciem, kilkakrotnie mieszając, przez 3 do 4 minut, aż mięso homara zostanie dokładnie podgrzane.

33. Steki z łososia z syropem klonowym

- $\frac{1}{4}$ szklanki czystego syropu klonowego
- $\frac{1}{4}$ szklanki mirinu lub białego wina
- $\frac{1}{4}$ szklanki sosu sojowego o niskiej zawartości sodu
- 2 łyżki oliwy z oliwek
- Sok z $\frac{1}{2}$ cytryny (ok. $1\frac{1}{2}$ łyżki stołowej) i skórka z 1 cytryny (ok. 1 łyżki stołowej)
- 2 łyżki pękniętych ziaren czarnego pieprzu
- 2 funty łososia, pokrojonego w steki o grubości cala

a) Wymieszaj syrop klonowy, mirin, sos sojowy, olej, sok z cytryny i ziarna pieprzu w niekorozyjnym pojemniku. Umieść steki w marynacie i wstaw do lodówki na 30 minut.

b) Rozgrzej grill.

c) Wyjmij steki z łososia z marynaty, odcedź, osusz i zarezerwuj marynatę. Umieść steki bezpośrednio nad ogniem i gotuj przez 4 minuty; odwrócić i gotować jeszcze 4 minuty dłużej, aż steki będą lekko miękkie w dotyku. Grilluj krócej dla krwistych, dłużej dla dobrze wysmażonych.

d) W międzyczasie, po odwróceniu steków, podgrzej marynatę w małym rondlu na średnim ogniu do wrzenia, a następnie gotuj na wolnym ogniu przez 5 minut. Natychmiast wyłącz ogrzewanie.

e) Sos kadziowy nad stekami z łososia.

34. Zupa z łososia i kukurydzy

- 1 funt fileta z łososia
- 2 kłosy świeżej kukurydzy
- 2 łyżki oliwy z oliwek
- 1 średnio drobno posiekana cebula
- 1 średni ziemniak Yukon, pokrojony w kostkę
- 2 szklanki pełnego mleka
- 1 szklanka jasnego kremu
- 4 łyżki masła niesolonego
- $\frac{1}{2}$ łyżeczki sosu Worcestershire
- $\frac{1}{4}$ szklanki drobno posiekanego estragonu
- 1 łyżeczka papryki
- Sól i świeżo zmielony czarny pieprz
- Krakersy ostrygowe

a) Rozgrzej grill.

b) Połóż łososia i kolby kukurydzy na posmarowanym olejem grillu. Gotuj 6 minut; następnie odwrócić i gotować 4 do 5 minut dłużej. Odłożyć na bok.

c) Ostrym nożem zdejmij kukurydzę z kolb i pokrój łososia na kawałki wielkości kęsa. Odłożyć na bok.

d) Rozgrzej 1 łyżkę oleju w 4-litrowym rondlu na średnim ogniu. Dodaj cebulę i ziemniaki. Gotuj pod przykryciem przez około 10 minut lub do miękkości cebuli. Dodaj mleko, śmietanę, masło i sos Worcestershire. Dusić około 10 minut, aż ziemniaki zmiękną

e) Wymieszaj kukurydzę, łososia, estragon, paprykę, sól i pieprz i gotuj przez 5 minut.

f) Przełóż do misek i natychmiast podawaj z krakersami ostrygowymi.

35. Łosoś Peklowany Koperkiem

Serwuje 6

- 2 x 750g (1lb 10oz) nieoskórowanych filetów z łososia
- duży pęczek koperku, grubo posiekany
- 100g (4oz) gruboziarnistej soli morskiej
- 75g (3 uncje) cukru pudru
- 2 łyżki pokruszonego białego pieprzu
- za sos chrzanowo-musztardowy
- 2 łyżeczki drobno startego chrzanu (świeżego lub ze słoika)
- 2 łyżeczki drobno startej cebuli
- 1 łyżeczka musztardy Dijon
- 1 łyżeczka cukru pudru
- 2 łyżki octu z białego wina
- dobra szczypta soli

- 175ml (6fl oz) śmietanki kremowej

a) Połóż jeden z filetów z łososia skórą do dołu na dużym arkuszu folii spożywczej. Wymieszaj koperek z solą, cukrem i pokruszonymi ziarnami pieprzu i rozprowadź na pokrojonej twarzy łososia. Umieść drugi filet na wierzchu, skórą do góry.

b) Rybę szczelnie zawinąć w dwie lub trzy warstwy folii spożywczej i wyłożyć na dużą, płytką tacę. Połóż nieco mniejszą tacę lub deskę do krojenia na rybie i zważ ją. Schładzaj przez 2 dni, obracając rybę co 12 godzin, aby solankowa mieszanina, która rozwinie się w paczce, podlała rybę.

c) Aby zrobić sos chrzanowo-musztardowy, wymieszaj wszystkie składniki oprócz śmietany. Śmietanę ubić na miękkie szczyty, wymieszać z chrzanem, przykryć i schłodzić.

d) Przed podaniem wyjmij rybę z solanki i pokrój ją bardzo cienko, tak jak wędzi się łososia. Na każdym talerzu ułóż kilka plastrów gravlax i podawaj z sosem.

36. Świeży łosoś atlantycki sauté

Wydajność: 1 Porcja

Składnik

- 3 filety z łososia

- 1 łyżka masła

- $\frac{1}{4}$ łyżeczki soli kuchennej

- $\frac{1}{2}$ szklanki mąki sezonowanej

- 1 łyżka pokrojonego w kostkę pomidora

- 1 łyżka pokrojonej w kostkę zielonej cebuli

- 1 łyżka pokrojonego grzyba

- 2 łyżki białego wina do gotowania

- $\frac{1}{2}$ soku z małej cytryny

- 2 łyżki miękkiego masła

a) Łososia pokroić w cienkie plasterki. Dopraw łososia solą szefa kuchni i obtocz w mące.

b) Szybko podsmaż na maśle z każdej strony i wyjmij. Dodać pokrojone w plasterki pieczarki, pomidor, zieloną cebulę, sok z cytryny i białe wino.

c) Zmniejsz przegrzanie przez około 30 sekund. Dodaj masło i podawaj sos na łososiu.

37. Łosoś z grilla z pancettą

Wydajność: 4 Porcje

Składnik

- 1 funt świeżych grzybów Morel

- 2 szalotki; Mielony

- 1 goździkowy czosnek; Mielony

- 10 łyżek masła; Pociąć na kawałki

- 1 szklanka suchej sherry lub madery

- 4 kawałki filetów z łososia

- Oliwa z oliwek

- Sól i świeżo zmielony pieprz

- 16 zielonej cebuli

- 4 łyżki Pancetty; Pokrojone w kostkę i przycięte

a) Smażyć szalotki i czosnek na 2 łyżkach masła na małym ogniu do miękkości. Dodaj smardze, zwiększ ogień i gotuj 1 minutę. Dodaj sherry i zmniejsz o połowę.

b) Wymieszaj z pozostałym masłem, mieszając na ogniu i wyłączając, aż się zemulguje.

c) Podgrzej grill lub prążkowaną patelnię grillową. Filety z łososia posmaruj olejem i dopraw solą i pieprzem. Przełóż łososia na dużą patelnię i gotuj w piekarniku przez 5 do 10 minut.

d) Rozgrzej średnią, ciężką patelnię na dużym ogniu. Dodaj kilka łyżek oliwy z oliwek. Dodaj zieloną cebulę i pancettę. Krótko gotuj, potrząsając patelnią, aby zapobiec smażeniu. Dodaj mieszankę smardzów i wymieszaj. Lekko doprawić.

e) Umieść filet z łososia na środku ciepłego talerza obiadowego. Nałóż mieszankę smardzów na górę i po bokach.

38. Pikantny bulion kokosowy z łososiem

Składnik

- 1 150 g. kawałek łososia na osobę; (150 do 180)

- 1 szklanka ryżu jaśminowego

- ¼ szklanki zielone strąki kardamonu

- 1 łyżeczka Goździków

- 1 łyżeczka białego pieprzu

- 2 laski cynamonu

- 4 gwiazdki anyżu

- 2 łyżki oleju

- 3 Cebule; drobno posiekane

- $\frac{1}{2}$ łyżeczki kurkumy

- 1 litr mleka kokosowego

- 500 mililitrów kremu kokosowego

- 6 dużych dojrzałych pomidorów

- 1 łyżka brązowego cukru

- 20 mililitrów sosu rybnego

- Sól dla smaku

- 2 łyżki Garam masala

a) Garam Masala: Praż na sucho przyprawy osobno na patelni. Połącz wszystkie przyprawy w młynku do kawy lub moździerzu, tłuczkiem i zmiel.

b) Pikantny bulion kokosowy: Rozgrzej olej na dużej patelni i smaż cebulę, aż będzie przezroczysta. Dodaj kurkumę i imbir i gotuj na małym ogniu przez około 20 minut, następnie dodaj pozostałe składniki. Doprowadzić do wrzenia.

c) Podczas gotowania bulionu ugotuj łososia i ryż jaśminowy. Łosoś można gotować w bulionie rybnym, grillować na grillu lub smażyć na patelni.

39. Kolumbia nad rzeką Chinook

- 1 szklanka świeżych wiśni, umytych i bez pestek
- $\frac{1}{2}$ szklanki bulionu rybnego lub drobiowego
- $\frac{1}{4}$ szklanki świeżego tymianku na łodydze
- 2 łyżki brandy
- 1 łyżeczka świeżego soku z cytryny
- 2 łyżki brązowego cukru
- $1\frac{1}{2}$ łyżeczki octu balsamicznego
- $1\frac{1}{2}$–2 funty filetów z łososia
- cząstki cytryny

a) Rozgrzej grill.

b) Ubij wiśnie trzy lub cztery razy w misce robota kuchennego, aż zostaną grubo posiekane.

c) Gotuj bulion, tymianek, brandy i sok z cytryny w rondlu na średnim ogniu przez 10 do 12 minut lub do zmniejszenia o połowę.

d) Dodaj brązowy cukier i ocet, wymieszaj i gotuj na wolnym ogniu przez 2-3 minuty, aż się dokładnie podgrzeją. Zdejmij z ognia, ale trzymaj w cieple.

e) Umieść filety z łososia na grillu z olejem i smaż 4-5 minut; odwrócić i gotować 4 do 5 minut dłużej, aż filety będą lekko miękkie w dotyku.

f) Podziel na cztery Porcje. Nałóż ciepły sos na środek czterech talerzy, tworząc kałuże. Połóż łososia bezpośrednio na sosie.

g) Podawaj z ćwiartkami cytryny.

CEVICHE

40. Ceviche z awokado i przegrzebków

Składnik

- $\frac{1}{2}$ szklanki świeżego soku z limonki

- 3 łyżki oleju arachidowego lub:

- Olej roślinny

- 24 zielone ziarna pieprzu, pokruszone

- Sól dla smaku

- $\frac{3}{4}$ funtów przegrzebki morskie lub zatokowe

- 1 duże dojrzałe awokado, obrane

- 2 łyżki świeżego szczypiorku

- 40 małych białych grzybów

- $\frac{1}{4}$ szklanki oleju roślinnego

- 2 łyżki świeżego soku z cytryny

- 1 średni ząbek czosnku, skórka i pokruszony

- Sól i pieprz do smaku

- Szalotki

a) Połącz sok z limonki, olej, pieprz, sól i pieprz razem w szklanej lub ceramicznej misce. Wymieszaj przegrzebki

b) Rozgnieć awokado na prawie gładką masę, a następnie dodaj je razem ze szczypiorkiem lub szalotką do marynowanych przegrzebków

c) Połącz olej roślinny, sok z cytryny, czosnek, sól i pieprz w małej misce i obficie posmaruj wnętrze grzybów mieszanką.

41.Ceviche z przegrzebków z zatoki

Wydajność: 6 Porcji

Składnik

- 1½ łyżeczki mielonego kminku

- 1 szklanka świeżego soku z limonki

- ½ szklanki świeżego soku pomarańczowego

- 2 funty przegrzebków z zatoki

- 1 Ostra czerwona papryczka chili; drobno posiekane

- ¼ szklanki czerwonej cebuli; drobno posiekane

- 3 Dojrzałe pomidory śliwkowe; posiekane i posiekane

- 1 czerwona papryka; posiekane i posiekane

- 3 Zieloną cebulę; posiekany

- 1 szklanka posiekanej świeżej kolendry

- 1 limonka; w plasterkach, do dekoracji

a) Wymieszaj kminek z sokiem z limonki i pomarańczy i polej przegrzebki.

b) Dodaj posiekaną papryczkę chili i czerwoną cebulę. Przykryj i wstaw do lodówki na co najmniej 2 godziny.

c) Tuż przed podaniem odsącz przegrzebki i wymieszaj z posiekanymi pomidorami, papryką, zieloną cebulką i kolendrą. Udekoruj plasterkami limonki.

42. Ceviche solero

Wydajność: 1 Porcja

- 1 funt Krewetki; oczyszczone, obrane i pokrojone

- 1 funt filetów z lucjana; oskórowane i cięte

- 1 łyżka oliwy z oliwek

- 1 łyżka świeżego soku pomarańczowego

- 1 łyżka octu białego

- ½ szklanki świeżego soku z limonki

- 1 łyżka czosnku; posiekany

- 1 łyżka czerwona cebula; posiekany

- 4 uncje pokrojonej w kostkę czerwonej papryki (około 3/8 szklanki)

- 1 Jalapeño; pokrojone w kostkę

- 1 szczypta kminku mielonego

- 1 łyżeczka soli

- 1 łyżka posiekanych liści kolendry

- 2 łyżki purée z marakui

a) Krewetki gotujemy we wrzącej wodzie pod przykryciem przez 1 minutę. Odcedź i wstaw do lodówki pod przykryciem do schłodzenia.

b) Połącz kostki lucjan, olej, sok pomarańczowy, ocet, sok z limonki, czosnek, cebulę, paprykę, paprykę jalapeño, kminek, sól, kolendrę i purée z marakui w dużej misce. Dodaj krewetki; przykryć i marynować w lodówce co najmniej 6 godzin.

c) Podawaj na cykoriach lub paskach sałaty przyozdobionych paskami papryki i plasterkami limonki.

43. Ceviche z mango-tuńczyka

Wydajność: 4 Porcje

Składnik

- $\frac{3}{4}$ funtów stek z tuńczyka

- $\frac{1}{2}$ szklanki soku z limonki

- $\frac{1}{2}$ szklanki (4 uncje) mleka kokosowego

- 2 łyżki oliwy z oliwek

- Sól i pieprz

- 1 szklanka Małe pokrojone w kostkę mango

- 2 łyżki Mała pokrojona w kostkę czerwona papryka

- 2 łyżki posiekanej świeżej kolendry

- 2 łyżki prażonego kokosa

- 2 łyżki mielonej szalotki

- Gałązki kolendry do dekoracji

a) Tuńczyka pokroić w drobną kostkę, przełożyć do szklanej miski, polać sokiem z limonki i mlekiem kokosowym. Przykryj i wstaw do lodówki na 4 godziny.

b) Odlej nadmiar płynu i wymieszaj z 1 łyżką oliwy z oliwek oraz solą i pieprzem do smaku. W innej misce wymieszaj mango, paprykę, kolendrę, szalotkę, kokos i pozostałą oliwę z oliwek i dopraw. Połącz pozostałe składniki dla smaku. Zacznij budować swój parfait. Na dno każdej szklanki umieścić 1 łyżkę przyprawy. Na wierzch z 2 łyżkami tuńczyka.

44. Ceviche z przegrzebków

Wydajność: 4 Porcje

Składnik

- 1 funta przegrzebków, świeżych

- 1 szklanka soku, limonki, do przykrycia

- 2 każdy Czosnek, goździki, mielone

- 1 każda papryka, czerwony dzwonek, nasiona, julienned

- po 2 chili, zielone, słodkie, pestkowe, julienned

- ½ pęczka kolendry, szypułka, grubo posiekana

- 1 duży pomidor, wydrążony, posiekany

- po 2 chilli, Jalapeno

- ½ szklanki oliwy z oliwek

a) Pokrój przegrzebki na trzy części, krojąc je w taki sposób, aby zachować kształt i nadać jednolity rozmiar. Przełóż przegrzebki do miski, dodaj sok z limonki i marynuj przez 1 godzinę.

b) Po godzinie dodaj czosnek, czerwoną paprykę i słodkie zielone chili. Dokładnie wymieszać.

c) Dodaj kolendrę, pomidor i chili Jalapeno. Dodaj oliwę z oliwek i dobrze wymieszaj.

45. Letnie ceviche z tuńczykiem Carpaccio

Wydajność: 6 Porcji

Składnik

- 1 funt tuńczyka do sushi

- 1 czerwona cebula; drobno pokrojone w kostkę

- $\frac{1}{4}$ szklanki świeżej kukurydzy; drobno pokrojone w kostkę

- 1 szklanka Jicama; drobno pokrojone w kostkę

- 1 cytryna; sok

- 1 limonka; sok

- 1 pomarańczowy; sok

- 1 pęczek szczypiorku

- ½ szklanki proszku Wasabi

- 1 szklanka wody

a) Pokrój tuńczyka na 6 równych porcji, posmaruj olejem woskowany papier i umieść papier między każdym kawałkiem tuńczyka. Utrzeć do pożądanej wielkości tasakiem do mięsa, a następnie schłodzić w lodówce.

b) W średniej misce dodaj wszystkie warzywa razem i cały sok z cytryny, limonki i pomarańczy. Niech wszystko maceruje przez 10 minut. Spuść płyn. Płyty chłodzące.

c) Wyjmij Carpaccio z lodówki i zdejmij górną warstwę woskowanego papieru i przełóż tuńczyka na talerz, a następnie nałóż ceviche równo między wszystkie talerze.

d) Wymieszaj wasabi z wodą i włóż do butelki ze spryskiwaczem. Mżawka na wierzchu.

46. Sałatka ceviche z wasabi?

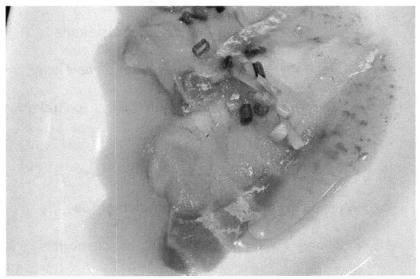

Wydajność: 4 - 6

Składnik

- 600 g filetów z lucjana pokrojonego w kostkę

- ¼ szklanki wódki Namida Wasabi

- ½ szklanki soku z limonki

- 1 skórka z limonki

- 2 łyżki Tabasco; lub do smaku

- 1 łyżka cukru

- 1 łyżeczka soli

- 1 szklanka soku pomidorowego

- 1 mała czerwona cebula; drobno posiekane

- 2 pomidory; wydrążony, posiekany, posiekany

- 1 Czerwona papryka; wydrążony, posiekany, pokrojony

- 2 łyżki kolendry

a) Wymieszaj pierwsze siedem elementów.

b) Przykryj i wstaw do lodówki na co najmniej 1 godzinę.

c) Odkryć i dodać resztę składników.

d) Wszystko dobrze wymieszaj.

e) Wlej do dużej miski.

f) Podawaj z kolejną miską z sałatą i miską majonezu Namida Wasabi.

47. Ceviche w stylu Jukatanu

Wydajność: 6 Porcji

Składnik

- $1\frac{1}{2}$ funta twarde filety z białej ryby

- $\frac{3}{4}$ funty duża krewetka, 16-24 hrabia

- 1 duża Słodka Cebula

- 3 do 4 habanero, lekko opieczone

- 1 szklanka świeżego soku z limonki

- $\frac{1}{2}$ szklanki świeżego soku pomarańczowego

a) Pokrój rybę w plasterki $\frac{1}{4}$ cala; usuń wszelkie kości, gdy idziesz. Umieść rybę w szklanym lub glazurowanym naczyniu ceramicznym wystarczająco dużym, aby utrzymać ją w jednej warstwie.

b) Krewetki obrać ze skorupy i obrać, płucząc je tylko w razie potrzeby, aby pozbyć się piasku. Krewetki pokroić wzdłuż na pół lub wykonać motylkiem.

c) Na rybę ułóż krewetki. Cebulę pokroić na pół wzdłuż, a następnie w poprzek na cienkie plasterki.

d) Na rybę i krewetki ułóż cebulę.

e) W gumowych rękawiczkach, łodygach, nasionach i kawałkach Habaneros i rozsyp ich na cebuli. Dopraw danie solą i polej sokiem z limonki i pomarańczy.

f) Przykryj i marynuj w lodówce przez 8 godzin lub na noc, aż ryby i krewetki będą nieprzezroczyste.

48. Ceviche Żabnica z Awokado

Serwuje 6

- 500g (1lb) filetów z żabnicy
- sok z 3 limonek
- 1 średnio ostre czerwone chili, przekrojone na pół i pozbawione pestek
- 1 mała czerwona cebula
- 6 dojrzałych pomidorów, bez skórki
- 3 łyżki oliwy z oliwek z pierwszego tłoczenia
- 2 łyżki świeżo posiekanej kolendry
- 1 duże dojrzałe, ale twarde awokado

a) Wlej żabnicę do soku z limonki, upewniając się, że wszystkie plasterki ryby są całkowicie pokryte sokiem.

b) W międzyczasie pokrój każdą połówkę chili, aby uzyskać bardzo cienkie, lekko podwinięte plasterki. Cebulę pokroić w ćwiartki, a następnie każdy ćwiartka pokroić wzdłuż na cienkie plastry w kształcie łuku. Pokrój każdego pomidora na ćwiartki i usuń pestki. Pokrój każdy kawałek mięsa wzdłuż na cienkie plastry w kształcie łuku.

c) Tuż przed podaniem wyjmij żabnicę z soku z limonki łyżką cedzakową i włóż do dużej miski z chilli, cebulą, pomidorem, oliwą z oliwek, większością kolendry i odrobiną soli do smaku. Rzuć razem lekko.

d) Przekrój awokado na pół, usuń pestkę i obierz. Pokrój każdą połowę wzdłuż na cienkie plasterki. Ułóż 3-4 plasterki awokado z jednej strony każdego talerza. Ułóż ceviche na drugą stronę i posyp resztą kolendry. Natychmiast podawaj.

KAŁAMARNICA I OŚMIORNICA

49. Smażone Kalmary

- 250g (9oz) oczyszczonej kałamarnicy
- oliwa z oliwek, do płytkiego smażenia
- kasza manna drobno zmielona lub mąka zwykła do posypania
- ćwiartki cytryny do podania
- 2 ząbki czosnku
- 200g (7 uncji) majonezu
- 1 łyżeczka wędzonego pimentonu

a) Aby przygotować wędzony pimentón i majonez czosnkowy, ułóż ząbki czosnku na desce do krojenia, posyp dużą szczyptą soli i rozdrobnij na gładką pastę płaską stroną ostrza dużego noża. Dodaj majonez razem z wędzonym pimentónem.

b) Pokrój woreczki z kalmarami na cienkie pierścienie i podziel macki na pary. Rozłóż pierścienie i macki na blasze i lekko dopraw solą i pieprzem.

c) Wlej oliwę z oliwek na dużą, głęboką patelnię na głębokość 1 cm ($\frac{1}{2}$ cala) i podgrzej do 190°C/375°F na średnim ogniu. Wrzuć kalmary do harina de trigo, kaszy manny lub mąki, odrzuć nadmiar i pozostaw na 1–2 minuty, aby mąka lekko zwilżyła. To da mu ostrzejsze wykończenie.

d) Smażyć kalmary w małych partiach przez 1 minutę, aż będą chrupiące i lekko złociste. Odsącz krótko na papierze kuchennym, przełóż do podgrzanego naczynia do serwowania. Podawaj na gorąco, z wędzonym pimentonem i majonezem czosnkowym oraz ćwiartkami cytryny.

50. Sałatka Z Ośmiornicy Z Natką Pietruszki

- 1 ośmiornica, oczyszczona
- 50ml (2fl oz) oliwy z oliwek z pierwszego tłoczenia
- 7,5 cm (3 cale) kawałek laski cynamonu
- 4 goździki
- 6 jagód ziela angielskiego
- 1 łyżeczka czarnego pieprzu
- $\frac{3}{4}$ łyżeczka świeżego soku z cytryny
- 1 łyżka grubo posiekanej natki pietruszki
- 2 łyżeczki oliwy z oliwek z pierwszego tłoczenia

a) Ośmiornicę włożyć do małej zapiekanki z oliwą z oliwek, cynamonem, goździkami, zielem angielskim, pieprzem i 1 łyżeczką soli. Przykryj szczelnie przylegającą pokrywką i piecz przez 2 godziny lub do miękkości.

b) Wyjmij zapiekankę z piekarnika i unieś ośmiornicę na talerz. Soki z gotowania przecedzić do małego rondla i szybko zagotować, aż zmniejszą się o około połowę i będą naprawdę dobrze przyprawione. Pozostaw do ostygnięcia razem z ośmiornicą.

c) Gdy ośmiornica ostygnie, odetnij macki i pokrój każdą z nich po przekątnej na plastry o grubości około 5 mm ($\frac{1}{4}$ cala). Pokrój ciało na kawałki podobnej wielkości.

d) Włóż ośmiornicę do miski i wymieszaj 3 łyżki zredukowanego płynu do gotowania, sok z cytryny i natkę pietruszki. Dobrze wymieszaj, przełóż łyżką do płytkiego naczynia do serwowania i skrop oliwą z oliwek z pierwszego tłoczenia tuż przed podaniem w temperaturze pokojowej.

TUŃCZYK

51. Wędzony Tuńczyk z Sosem Ponzu

- $\frac{1}{2}$ szklanki sake
- Sok z 2/3 cytryny (ok. 2 łyżki)
- 1 łyżka sosu sojowego o niskiej zawartości sodu
- $1\frac{1}{2}$ funta tuńczyka klasy sushi
- 1 łyżeczka oleju sezamowego
- $\frac{1}{2}$ szklanki pędów bambusa
- $\frac{1}{2}$ szklanki grzybów shiitake, drobno posiekanych (lub ostryg lub baby bellas)
- 3-4 ząbki czosnku, pokrojone w kostkę
- 2 łyżki drobno posiekanego świeżego imbiru
- $\frac{1}{2}$ szklanki sosu ponzu
- Ugotowany brązowy ryż

- cząstki cytryny

a) Przygotuj grill do grillowania wędzarniczego.

b) W niekorodującym pojemniku wymieszaj sake, sok z cytryny i sos sojowy. Marynuj tuńczyka w mieszance przez 20 do 30 minut w lodówce.

c) Wyjmij tuńczyka, odcedź i umieść na chłodnej stronie grilla. Wędzić około 45 minut przy zamkniętej pokrywce. Tuńczyk będzie dość rzadki i miękki w dotyku.

d) W międzyczasie rozgrzej olej sezamowy na dużej patelni lub woku na średnim ogniu. Smaż pędy bambusa, grzyby, czosnek i imbir przez 1 do 2 minut. Dodaj sos Ponzu, gotuj 6-8 minut, aż warzywa będą dokładnie pokryte, i wyłącz ogień.

e) Zdejmij tuńczyka z ognia i podziel na cztery porcje. Ułóż na ciepłych talerzach z brązowym ryżem i polej sosem rybę i ryż. Podawaj z ćwiartkami cytryny.

52. kebaby z tuńczyka

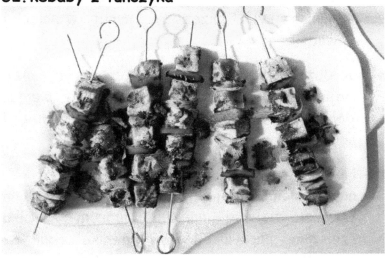

- ¼ szklanki soku z cytryny
- 1 łyżka oliwy z oliwek
- 2 łyżki suszonego majeranku
- 2 łyżki suszonego oregano
- 2 łyżki suszonego tymianku
- ½ łyżeczki soli morskiej
- 1 łyżka świeżo zmielonego czarnego pieprzu
- 16 kawałków filetów z tuńczyka, pokrojonych w 1,5-calową kostkę, około 1 funta
- 24 1½-calowe kawałki zielonej papryki (około 2 duże)
- 24 1½-calowe kawałki czerwonej papryki (około 2 duże)
- 24 1-calowe kawałki czerwonej cebuli (około 2 średnie)
- 16 pomidorków koktajlowych

- 6 drewnianych szaszłyków ($11\frac{1}{2}$ cala długości), namoczonych przez 30 minut w ciepłej wodzie

a) W dużej misce wymieszać sok z cytryny, olej, majeranek, oregano, tymianek, sól i pieprz. Wymieszaj kawałki ryby, paprykę, cebulę i pomidory, pokrywając wszystkie kawałki.

b) Na każdym z czterech szaszłyków naprzemiennie po jednym kawałku ryby, jednym kawałku zielonej papryki, jednym kawałku czerwonej papryki i jednym kawałku cebuli, aż wszystkie szaszłyki zostaną wypełnione. Nałóż osiem pomidorków koktajlowych na dwa oddzielne szpikulce. Odłożyć na bok.

c) Połóż wszystkie szaszłyki oprócz tego z pomidorami na grillu posmarowanym olejem. Odwróć po 4-5 minutach i dodaj szaszłyki z pomidorów do grilla. Grilluj kebaby rybne przez dodatkowe 4 do 5 minut lub do momentu, gdy ryba będzie jędrna w dotyku i wyjmij. W przypadku średnio wysmażonego tuńczyka skróć czas grillowania o połowę. Po 5 minutach wyjmij kebaby z pomidorów.

d) Zsuń pomidory z szaszłyków

53. Steki z tuńczyka i czerwone pomarańcze

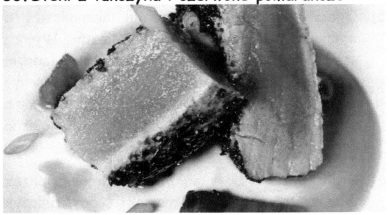

- 4 steki z tuńczyka po 6-8 uncji każdy
- 1/3 szklanki sosu sojowego o niskiej zawartości sodu
- Sok z 1 świeżej czerwonej pomarańczy (około 4 łyżki)
- $\frac{1}{4}$ szklanki drobno posiekanego świeżego imbiru
- 2 łyżki świeżego soku z limonki
- 2 łyżki czystego syropu klonowego
- Sól i świeżo zmielony czarny pieprz
- skórka z 1 krwistej pomarańczy
- 8 czerwonych plastrów pomarańczy (około 2 małe pomarańcze)

a) W dużej misce połącz steki z tuńczyka, sos sojowy, sok pomarańczowy, imbir, sok z limonki i syrop klonowy. Wymieszać, przykryć i wstawić do lodówki na około 30 minut.

b) Rozgrzej grill.

c) Oderwij cztery kawałki folii aluminiowej o
    wymiarach 12 cali na 12 cali każdy. Wyjmij
    steki z tuńczyka z marynaty i umieść po jednym
    na środku każdego kawałka folii. Dopraw solą i
    pieprzem i przykryj skórką oraz dwoma
    plasterkami pomarańczy. Zaciśnij folię ciasno
    razem.

d) Grilluj przez 4 do 5 minut; obróć i grilluj przez
    5 minut dłużej lub do momentu, gdy tuńczyk
    będzie twardy w dotyku.

e) Rozpakuj każdy pakiet foliowy i natychmiast
    podawaj.

54. Grillowane Burgery z Tuńczyka

- 1½ funta świeżego tuńczyka
- 2 jajka, ubite
- 4-6 małych korniszonów lub korniszonów
- Sól
- 1 łyżeczka świeżo zmielonego czarnego pieprzu
- 1 łyżka oliwy z oliwek
- ½ szklanki drobno posiekanej słodkiej białej cebuli
- 2 szklanki świeżej kukurydzy
- ¼ szklanki wytrawnego białego wina
- Sok z 1 cytryny (ok. 3 łyżki) i skórka z tej cytryny (ok. 1 łyżka)
- 1½ łyżki drobno posiekanego świeżego koperku
- Salsa cytrynowo-kukurydziana

a) Połóż tuńczyka na posmarowanym olejem ruszcie i grilluj przez 3-4 minuty. Obróć i grilluj 3 do 4 minut dłużej, aż ryba będzie lekko miękka. Usuń i ostudź.

b) W dużej misce rozdrobnij schłodzonego tuńczyka, a następnie dodaj jajka, korniszony, sól do smaku, pieprz i rozgnieć dużym widelcem. Odłożyć na bok.

c) Rozgrzej olej w dużym rondlu na średnim ogniu. Dodaj cebulę i smaż przez 2-3 minuty, aż zmięknie. Dodaj kukurydzę, wino, sok z cytryny i koperek i gotuj przez 4-5 minut. Usuń z ognia.

d) Dokładnie wymieszaj płyn i skórkę z tuńczykiem. Uformuj mieszankę na cztery placki. Umieść kotlety na naoliwionej, perforowanej patelni do pizzy lub w koszu z siatki drucianej nad grillem. Przysmażyć kotlety przez 3 do 4 minut; odwrócić i gotować 3 do 4 minut dłużej lub do uzyskania jędrności w dotyku.

e) Podawaj na tostowanych bułkach hamburgerowych z salsą Lemony Corn.

55. Carpaccio z Tuńczyka z Miętą

Służy 4

- 225g mrożonego fileta z polędwicy z tuńczyka
- 1 dojrzały pomidor winorośli
- 1 łyżeczka małych kaparów, odsączonych i wypłukanych
- 4 listki mięty, bardzo drobno posiekane
- 4 listki natki pietruszki, drobno posiekane
- na sos musztardowy
- 1 łyżeczka musztardy Dijon
- 1 łyżeczka octu z białego wina
- 2 łyżki oliwy z oliwek z pierwszego tłoczenia

a) Wyjmij tuńczyka z zamrażarki, rozpakuj i połóż na desce do krojenia. Pokrój tuńczyka w bardzo cienkie plasterki za pomocą bardzo ostrego noża o długim ostrzu.

a) Ułóż około czterech plastrów tuńczyka w jednej warstwie na dnie czterech zimnych talerzy, lekko ściskając plastry tak, aby przylegały do siebie.

b) Aby przygotować sos musztardowy, wymieszaj musztardę i ocet razem w małej misce, a następnie ubijaj olej po 1 łyżeczce, aby powstał gęsty, dobrze zemulgowany dressing. Wymieszaj z kilkoma kroplami ciepłej wody, aby lekko ją rozluźnić i dopraw do smaku solą i pieprzem.

c) Łyżeczką skropić tuńczyka dressingiem musztardowym w zygzakowaty sposób. Następnie posyp pokrojonym w kostkę pomidorem, kaparami, posiekaną miętą i natką pietruszki na każdym talerzu. Posyp płatkami soli morskiej i czarnym pieprzem i od razu podawaj.

56. Marynowany Tuńczyk z Marakują

Służy 4

- kawałek polędwicy z tuńczyka o grubości 3 cm ($1\frac{1}{2}$ cala),
- 2 małe, dojrzałe i pomarszczone marakui,
- 1 łyżka soku z limonki
- 3 łyżki oleju słonecznikowego
- 1 średnio ostre zielone chili
- 1 łyżeczka cukru pudru
- $1\frac{1}{2}$ łyżki drobno posiekanej kolendry

a) Kawałek polędwicy z tuńczyka wyłożyć na deskę i pokroić w bardzo cienkie plasterki. Połóż plastry obok siebie, ale blisko siebie, na dnie czterech dużych talerzy. Przykryj każdą folią spożywczą i schłódź przez co najmniej 1 godzinę lub do momentu, gdy będziesz gotowy do podania.

b) Tuż przed podaniem przygotuj sos marynujący. Przekrój marakuję na pół i przerzuć miąższ na sito ustawione nad miską. Przetrzyj miąższ przez sitko, aby wydobyć sok i wyrzuć nasiona. Powinieneś zostać z około jedną łyżką soku. Dodaj sok z limonki, olej słonecznikowy, zielone chili, cukier, kolendrę, $\frac{1}{2}$ łyżeczki soli i trochę świeżo zmielonego pieprzu.

c) Przed podaniem odsłoń talerze, nałóż łyżką dressing i rozprowadź go na powierzchni ryby grzbietem łyżki. Pozostaw na 10 minut przed podaniem.

OSTRYGI

57. Ostrygi z Sosem Mignonette

Służy 2

- 12 ostryg
- za sos minonette
- 3 łyżki octu winnego dobrej jakości
- 1 łyżeczka oleju słonecznikowego
- $\frac{1}{4}$ łyżeczki grubo zmiażdżonego białego pieprzu
- 1 łyżka bardzo cienko pokrojonych szczypiorków

a) Aby otworzyć ostrygi, zawiń jedną rękę w ściereczkę i trzymaj w niej ostrygę płaską skorupką do góry. Wsuń czubek noża do ostryg w zawias, znajdujący się w najwęższym miejscu, i poruszaj nożem tam iz powrotem, aż zawias się złamie i będziesz mógł wsunąć nóż między dwie skorupy. Przekręć czubek noża do góry, aby podważyć górną skorupę, przeciąć więzadło i zdjąć skorupę. Wyjmij mięso ostryg z dolnej skorupy i wyjmij, wyławiając małe kawałki skorupy.

b) Wymieszaj składniki na sos tuż przed podaniem. Włóż mięso ostryg z powrotem do muszli i nałóż na nie odrobinę sosu i podawaj.

58. Zupa Ostrygowa z Imbirem

Służy 4

- 12 ostryg pacyficznych
- 1,5 litra (2½ pinty) zimnego wywaru z kurczaka dobrej jakości
- 2 łyżeczki tajskiego sosu rybnego
- 1 łyżeczka lekkiego sosu sojowego
- 1 średnio ostre zielone chili, bez pestek i grubo posiekane
- 1 cm (½ cala) kawałek świeżego imbiru, pokrojony w plastry
- 100g (4 uncje) taniego fileta z białej ryby, drobno posiekanego
- 50 g (2 uncje) pora, pokrojonego w cienkie plasterki
- 1 białko jajka

- kilka listków estragonu, trybuły i młodej natki pietruszki płaskolistnej do przybrania

a) Otwórz ostrygi i wlej soki do miski. Wyjmij mięso ostryg z ich skorupek i trzymaj je schłodzone, aż będą potrzebne.

b) Do dużej patelni wlej sok z ostryg, zimny bulion z kurczaka, tajski sos rybny, sos sojowy, zielone chili, imbir, siekaną rybę, por, białko jaja i 1 łyżeczkę soli. Ustawić na średnim ogniu i powoli doprowadzać do wrzenia, co jakiś czas mieszając. Gotuj bulion przez 5-10 sekund, następnie zmniejsz ogień i gotuj na wolnym ogniu przez 30 minut.

c) Przełóż zupę na czystą patelnię przez drobne sito wyłożone muślinem o podwójnej grubości. Pokrój mięso ostryg wzdłuż na 2 lub 3 plastry, w zależności od ich wielkości. Doprowadź zupę z powrotem do wrzenia, dodaj plastry ostryg i gotuj je delikatnie przez 5 sekund. Następnie wlej zupę do podgrzanych misek i posyp każdą obficie listkami ziół. Natychmiast podawaj.

59. Duszone ostrygi

- 4 łyżki (½ laski) masła, pokrojonego na małe kawałki
- Sok z ½ cytryny (około 1½ łyżki)
- 12 do 24 ostryg na półskorupie
- 2 szklanki pełnego mleka
- 1 szklanka gęstej śmietany
- 1 szklanka zapasu rybnego
- 2 łyżki papryki
- ½ łyżeczki pieprzu cayenne

a) Rozgrzej grill.

b) Do każdej muszli ostryg włożyć plasterek masła i skropić cytryną. Połóż na grillu i zamknij pokrywę. Gotuj przez 5 do 6 minut, aż masło się rozpuści. Wyłącz ogrzewanie i pozostaw pokrywę zamkniętą.

c) W międzyczasie zagotuj mleko, śmietanę, bulion, paprykę i cayenne, jeśli używasz, w 4-litrowym rondlu na średnim ogniu. Natychmiast zmniejsz ogień i gotuj przez 10 minut. Upewnij się, że mleko się nie pali.

d) Wyjmij ostrygi z grilla i delikatnie dodaj je wraz z sokami do garnka. Mieszaj przez 1 minutę, przełóż do misek i podawaj na gorąco.

60. Ostrygi z Szampanem Sabayon

Służy 2

- 8 ostryg
- za szampana Sabayon
- 200ml (7fl oz) szampana
- szczypta cukru pudru
- 3 żółtka
- 75g (3 uncje) masła klarowanego, podgrzanego
- trochę pieprzu cayenne

a) Rozgrzej mocno grill. Otwórz ostrygi i wylej soki z każdej. Połóż je, jeszcze w półskorupkach, na dużej blasze do grillowania, przykryj folią spożywczą i odstaw na bok.

b) Szampan z cukrem włożyć do rondelka, doprowadzić do wrzenia i szybko gotować, aż zmniejszy się do 4 łyżek. Wlać do dużej miski żaroodpornej i pozostawić do ostygnięcia. Dodaj żółtka, umieść miskę na rondlu z ledwo gotującą się wodą i energicznie ubijaj, aż mieszanina zwiększy swoją objętość, będzie gęsta, lekka i pienista, a po spryskaniu jej powierzchni pozostawi ślad.

c) Zdejmij miskę z ognia i bardzo powoli ubij ciepłe klarowane masło. Dopraw do smaku odrobiną soli.

d) Nałóż 1 łyżkę szampana sabayon na każdą ostrygę i bardzo delikatnie posyp każdą z nich szczyptą pieprzu cayenne. Umieść pod grillem na około 30 sekund, aż lekko się zrumienią, a następnie podziel ostrygi między dwa talerze i od razu podawaj.

e) Aby zrobić masło klarowane, umieść masło na małym rondlu i pozostaw na bardzo małym ogniu, aż się rozpuści.

Homar, przegrzebki i krab

61. Zupa Homarowo-Pomidorowa

- 1 łyżka oliwy z oliwek
- 4-6 ząbków czosnku, drobno posiekanych
- 1 seler naciowy, drobno posiekany
- 1 mała słodka biała cebula, drobno posiekana
- 1 średni pomidor, pokrojony w kostkę
- $1\frac{1}{2}$-$1\frac{3}{4}$-funtowy homar
- 2 szklanki pełnego mleka
- 1 szklanka sosu pomidorowego
- $\frac{1}{2}$ szklanki ciężkiej śmietany
- $\frac{1}{2}$ szklanki wywaru rybnego

- 4 łyżki ($\frac{1}{2}$ patyczka) niesolonego masła
- 2 łyżki drobno posiekanej świeżej pietruszki
- 1 łyżeczka świeżo zmielonego czarnego pieprzu

a) Rozgrzej olej w dużym rondlu na średnim ogniu. Dodaj czosnek, seler i cebulę i smaż mieszając przez 8 do 10 minut. Dodaj pomidory.

b) Połóż homara na grzbiecie na desce do krojenia. Wykonać nacięcie wzdłuż środka ogona prawie do samego końca, nie przecinając skorupy; rozdzielić ogon.

c) Grilluj homara przez 15-18 minut skorupą do dołu, z zamkniętą pokrywką. Przełóż homara z grilla z powrotem na deskę do krojenia i wyjmij mięso i tomalley. Odrzuć skorupkę i odłóż mięso na bok.

d) W rondelku z warzywami zagotować mleko, sos pomidorowy, śmietanę, bulion i masło. Zmniejsz ogień do niskiego poziomu. Dusić przez 10 minut, często mieszając.

e) Dodać mięso homara i tomalley oraz pietruszkę i pieprz. Przykryj i gotuj na jak najmniejszym ogniu przez 4 do 5 minut.

62. Zupa z kraba i kukurydzy

Służy 4

- 1,2 litra bulionu drobiowego
- 2 świeże kolby kukurydzy
- 225g (8 uncji) świeżego białego mięsa krabowego
- 5 łyżeczek mąki kukurydzianej
- 1 łyżeczka bardzo drobno posiekanego świeżego imbiru
- 2 cebule dymki, pokrojone na 2½ cm (1 cal) kawałki i drobno posiekane wzdłuż
- 1 łyżka jasnego sosu sojowego
- 1 łyżka chińskiego wina ryżowego lub wytrawnej sherry
- 1 białko jajka, lekko ubite

a) Zagotuj wywar z kurczaka na patelni. W międzyczasie połóż kolby kukurydzy na desce i pokrój ziarna dużym ostrym nożem. Dodaj kukurydzę do wywaru i gotuj przez 5 minut.

b) Sprawdź mięso kraba pod kątem małych kawałków skorupy, zachowując mięso w większych kawałkach. Zmieszaj mąkę kukurydzianą na gładką pastę z odrobiną zimnej wody, wymieszaj z zupą i gotuj na wolnym ogniu przez 2 minuty.

c) Dodać mięso kraba, imbir, szczypiorek, sos sojowy, wino ryżowe lub sherry, 1 łyżeczkę soli i trochę pieprzu do smaku. Dusić przez 1 minutę.

d) Teraz dobrze wymieszaj zupę, wyjmij łyżkę i powoli wlej ubite białko jajka, aby utworzyło się w zupie długie, cienkie nitki. Dusić przez około 30 sekund, a następnie natychmiast podawać.

63. Krab z Rakietą

Służy 4

- 350g (12 uncji) świeżego białego mięsa krabowego
- 2 łyżeczki świeżego soku z cytryny
- 4 łyżeczki oliwy z oliwek z pierwszego tłoczenia, najlepiej oliwy cytrynowej, plus dodatkowa porcja do spryskania
- 8 listków bazylii, drobno posiekanych
- garść liści dzikiej rukoli
- sól morska i popękany czarny pieprz do przybrania

a) Włóż mięso kraba do miski i delikatnie wymieszaj sok z cytryny, oliwę z oliwek, bazylię i trochę przypraw do smaku.

b) Zrób mały, wysoki stos krabów na czterech talerzach, umieszczając je nieco poza środkiem. Połóż mały stos liści rukoli obok.

c) Skrop trochę oliwą z oliwek na rukolę i wokół zewnętrznej krawędzi talerzy.

d) Posyp olej odrobiną soli morskiej i popękanym czarnym pieprzem i podawaj.

64. Zupa Krab Pająk z Koperkiem

Porcja 4–6

- 1 ugotowane mięso pająka lub brązowego kraba
- 1 por
- 1 głowa kopru włoskiego
- 1,2 litra (2 pinty) bulionu warzywnego
- 2 pomidory (około 175g/6oz)
- 4 łyżki oliwy z oliwek
- mała szczypta pokruszonych suszonych chilli
- szczypta nasion kopru, lekko zmiażdżona
- 1 okrojony pasek skórki pomarańczowej
- $\frac{1}{2}$ łyżeczki przecieru pomidorowego
- 4 ząbki czosnku, pokrojone w plastry

- 50 ml pastis, takich jak Pernod lub Ricard
- sok z ½ pomarańczy
- szczypta pasemek szafranu

a) Aby zrobić wywar, włóż do dużej patelni kawałki skorupy kraba, kawałki pora i kopru włoskiego, łyżkę brązowego mięsa i wywar warzywny. Doprowadzić do wrzenia przez 30 minut.

b) Na patelni rozgrzej oliwę z oliwek, dodaj suszone chilli, nasiona kopru, skórkę pomarańczową, przecier pomidorowy, czosnek, por i koper włoski i smaż delikatnie przez 5 minut nie pozwalając, aby się zabarwiły. Zwiększ trochę ogień, dodaj pastis i podpal zapałką, aby wypalić alkohol.

c) Wywar przecedź przez drobne sito, dodaj sok pomarańczowy i szafran i gotuj przez 10 minut. Teraz dodaj mięso kraba i pomidora i dopraw do smaku solą i pieprzem.

d) Włóż chochlę do podgrzanych talerzy do zupy i od razu podawaj.

65. Krab Curry z Sałatą

Służy 4

- 3-4 średniej wielkości pomidory dojrzewające w gronie
- 5 łyżek majonezu
- $\frac{1}{2}$ łyżeczki łagodnego curry w proszku
- $\frac{1}{2}$ łyżeczki świeżego soku z cytryny
- 2 krople sosu Tabasco
- 500g (1lb) świeżego białego mięsa krabowego
- 50g (2oz) roszponki z przyciętymi korzeniami
- 2 łyżeczki oliwy z oliwek z pierwszego tłoczenia
- świeże pieczywo pełnoziarniste do podania

a) Włóż majonez do miski i wymieszaj z curry, sokiem z cytryny i sosem Tabasco. Lekko przełożyć tę mieszankę przez mięso kraba i doprawić do smaku odrobiną soli.

b) Nałóż kilka plastrów pomidora na środek czterech małych talerzyków i lekko dopraw solą. Na wierzch nałóż trochę majonezu krabowego. Wrzuć roszponkę z oliwą z oliwek i niewielką szczyptą soli i ułóż obok. Podawać z pieczywem pełnoziarnistym.

c) Aby zrobić 300 ml majonezu, włóż 2 żółtka do miski z 2 łyżeczkami białego octu winnego i $\frac{1}{2}$ łyżeczki soli. Połóż miskę na ściereczce, aby się nie zsuwała, a następnie lekko ubij, aby rozbić żółtka. Za pomocą drucianej trzepaczki ubij 300 ml oliwy z oliwek lub oleju słonecznikowego, dodając kilka kropli oleju na raz, aż wszystko się połączy. Ewentualnie włóż całe jajko, ocet i sól do robota kuchennego. Włącz maszynę i powoli dodawaj olej, aż uzyskasz gęstą emulsję.

66. Delikatesowa Kanapka z Krabem

Sprawia, że 6

- 12 cienkich kromek pełnoziarnistego chleba
- 75g (3 uncje) masła, zmiękczonego
- 5 łyżek majonezu
- 1 łyżeczka świeżego soku z cytryny
- $\frac{1}{2}$-1 czerwone chili, w zależności od upału, bez pestek i drobno posiekane
- 500g (1lb) świeżego białego mięsa krabowego
- 2 łyżki świeżo posiekanej natki pietruszki
- 50g (2 uncje) rakiety

a) Posmaruj kromki chleba masłem i odłóż je na bok.

b) Włóż majonez do małej miski i wymieszaj z sokiem z cytryny i chilli. Włóż mięso kraba i pietruszkę do innej miski i lekko przemieszaj mieszankę majonezową. Dopraw do smaku odrobiną soli.

c) Połóż sześć kromek chleba, posmarowanymi masłem bokami do góry, na desce i nałóż łyżką na krabową mieszankę. Przykryj grubą warstwą liści rukoli, a następnie pokryj pozostałymi kromkami chleba. Każdą kanapkę pokrój po przekątnej na połówki lub ćwiartki i od razu podawaj.

67. Smażone przegrzebki po brazylijsku

Wydajność: 4 Porcje

Składnik

- 1 funt Świeże przegrzebki z zatoki
- 8 łyżek masła
- 1 szklanka mąki
- 1 łyżeczka czosnku; drobno posiekane
- 3 łyżki natki pietruszki; drobno posiekane
- $\frac{1}{4}$ łyżeczki soli
- Świeżo zmielony czarny pieprz
- $\frac{1}{2}$ świeżej cytryny

a) Przegrzebki umyć szybko w zimnej wodzie. Rozłóż jedną warstwę na patelni, przykryj lnianym lub papierowym ręcznikiem. Przykryj innym ręcznikiem i wstaw do lodówki na kilka godzin do osuszenia. Rozpuść masło na małym ogniu. Wsyp mąkę do dużej miski i wrzuć do niej przegrzebki. Delikatnie wrzucaj przegrzebki, aż zostaną pokryte mąką ze wszystkich stron. Zamień na sito, aby usunąć nadmiar mąki.

b) Dodaj przegrzebki do masła i przesuwając patelnię tam iz powrotem, smaż je przez 3 do 4 minut, aż będą jędrne, ale nie zarumienione. Nie rozgotuj przegrzebków. Dodaj czosnek i pietruszkę na patelnię i gotuj przez 30 sekund dłużej. Wyciśnij sok z cytryny i dodaj sól i pieprz do smaku przed podaniem.

RYBA

68. Brazylijska kiełbasa faszerowana uhu

Wydajność: 12 Porcji

Składnik

- 5 funtów Uhu (ryba papuga)
- 1 opakowanie Kiełbasa brazylijska na gorąco; pokrojony
- Białka zielonej cebuli; pokrojone wzdłuż
- 3 ząbki czosnku; mielony
- 2 łyżeczki imbiru; tarty
- Sól i pieprz do smaku

a) Rozgrzej piekarnik do 450 stopni. Ryba motylkowa z grzbietu i kości.

b) Ryby czyścić jak zwykle; dokładnie umyć i osuszyć. Ryba sól i pieprz do smaku. Połącz plasterki brazylijskiej kiełbasy, białka cebuli, czosnek i imbir.

c) Umieścić w zagłębieniu ryby i za pomocą igły i nici doszyć do zamknięcia

d) Połóż jeden liść na boku ryby, błyszczącą stroną do góry i zawiń w folię aluminiową. Włożyć do formy do pieczenia i piec przez 1 godzinę i 15 minut.

69. Pieczone filety z soli brazylijskiej

Wydajność: 1 Porcja

Składnik

- 8 filetów z soli
- 1½ łyżki soku z cytryny
- 2 łyżki masła
- ¼ szklanki wytrawnej sherry
- 1 łyżeczka sosu sojowego
- 2 gałązki mielonej pietruszki
- 1 żółtko

a) Filety ułożyć na patelni; posyp sokiem z cytryny i kropką masła.

b) Piecz, aż ryba zacznie się brązowieć; usunąć.

c) Połącz pozostały sok z cytryny, sherry, sos sojowy, pietruszkę i żółtko: dobrze wymieszaj. Nałóż łyżkę na częściowo ugotowaną rybę; wróć do brojlera, aż sos zacznie bulgotać.

d) Podawaj od razu.

70. Zapas ryb

- 2 łyżki oleju roślinnego
- 2 średnie marchewki, drobno posiekane
- 2 łodygi selera, drobno posiekane
- 1 duża cebula hiszpańska, drobno posiekana
- 1 funt pieczarek, pokrojonych w cienkie plasterki
- 4-6 ząbków czosnku, posiekanych
- 3-5 funtów ramek i głów rybnych
- 1 szklanka świeżej pietruszki
- 6 liści laurowych
- $\frac{1}{4}$ szklanki czarnego pieprzu
- 5-6 gałązek tymianek
- 4-5 gałązek oregano
- 4 litry wody

- 1 szklanka wytrawnego białego wina

a) Rozgrzej olej w garnku na średnim ogniu. Dodaj marchew, seler, cebulę, pieczarki i czosnek. Gotuj, mieszając przez 8 do 10 minut.

b) W międzyczasie ułóż części ryby na jednym kawałku gazy i zawiąż sznurkiem. Na drugim kawałku gazy ułożyć pietruszkę, liście laurowe, pieprz, tymianek i oregano. Zawiązać sznurkiem.

c) Dodaj wodę, wino i saszetki z gazy do garnka. Doprowadzić do wrzenia, zmniejszyć ogień do średniego i gotować na wolnym ogniu przez 45 minut bez przykrycia.

d) Wyjmij saszetki z gazy z płynu, wyciśnij do sucha i wyrzuć. Odcedź pozostałą ciecz przez durszlak i pozostaw do ostygnięcia przez około 45 minut.

71. Klasyczna Zupa Rybna z Rouille

- Rouille

- 900g (2lb) mieszanych ryb
- 85 ml (3 uncje) oliwy z oliwek
- 75 g (3 uncje) cebuli, selera, pora i kopru włoskiego
- 3 ząbki czosnku, pokrojone w plastry
- sok z ½ pomarańczy i skórki pomarańczowej
- 200g (7oz) posiekanych pomidorów z puszki
- 1 mała czerwona papryka, bez pestek i pokrojona w plastry
- 1 liść laurowy
- Gałązka tymianku
- szczypta pasemek szafranu

- 100g (4 uncje) nieobranych, gotowanych krewetek
- szczypta pieprzu cayenne
- 1,2 litra (2 pinty) dobrej jakości bulionu rybnego
- 25g (1oz) parmezanu, drobno startego, do podania

   a) Rozgrzej oliwę na dużej patelni, dodaj warzywa i czosnek i smaż delikatnie przez 20 minut lub do miękkości, ale nie zabarwienia. Dodać skórkę pomarańczową, pomidory, czerwoną paprykę, liść laurowy, tymianek, szafran, krewetki, pieprz cayenne i filety rybne. Dodaj wywar rybny i sok pomarańczowy, zagotuj i gotuj przez 40 minut.

   b) Zupę upłynnij i przelej przez sito do czystej patelni, wyciskając jak najwięcej płynu tyłem chochli. Wrzuć zupę na ogień i dopraw do smaku pieprzem cayenne, solą i pieprzem.

   c) Do podgrzanej wazy nalać zupę, a grzanki, parmezan i rukolę włożyć do osobnych półmisków.

   d) Aby zrobić grzanki, pokrój w cienkie plasterki 1 bagietkę, a następnie usmaż plastry na oliwie z oliwek, aż będą chrupiące i złociste. Odsącz na papierze kuchennym, a następnie natrzyj ząbkiem czosnku jedną stronę każdego kawałka.

72. Miecznik z sosem brazylijskim

Wydajność: 4 Porcje

Składnik

- 2 funty steków z miecznika
- 1 łyżka podmuchu bayou
- 1 łyżka oliwy z oliwek
- Sos brazylijski
- $\frac{1}{4}$ szklanki posiekanej zielonej cebuli; do przybrania

a) Posyp stek z miecznika z obu stron bayou Blast i wetrzyj go rękoma.

b) Rozgrzej olej na dużej patelni na dużym ogniu. Dodaj miecznika i podsmażaj, aż będzie średnio wysmażony, około 3 minuty z każdej strony.

c) Do podania ułożyć miecznika na rozgrzanych talerzach obiadowych, polać sosem brazylijskim i posypać zieloną cebulką.

73. Sum owinięty w Collard Greens

- 8 blanszowanych liści kapusty
- 1 pomidor, pokrojony w kostkę
- 1 szklanka posiekanych i pokrojonych w plasterki oliwek kalamata
- 6 szalotek, drobno posiekanych
- 4–6 ząbków czosnku, posiekanych
- 1 łyżka oliwy z oliwek
- Sól i świeżo zmielony czarny pieprz
- 4 filety z suma po 8 uncji każdy
- Kliny cytrynowe do dekoracji
- Ugotowany brązowy ryż

a) Rozgrzej grill.

b) Połóż cztery liście kapusty na powierzchni roboczej. Na każdy liść posyp połowę pomidora, oliwki, szalotki, czosnek i oliwę oraz sól i pieprz do smaku.

c) Umieść jeden filet na wierzchu każdego liścia; Całość posyp pozostałymi składnikami (w tym solą i pieprzem, jeśli chcesz).

d) Pokryj każdy zbiór pozostałymi czterema zieleniami i mocno zabezpiecz wykałaczkami.

e) Umieść w naoliwionej perforowanej patelni do pizzy, ustaw patelnię na grillu i opuść pokrywkę. Grilluj przez 6 do 7 minut. Delikatnie odwrócić łopatką i grillować przez 4 do 5 minut dłużej, aż lekko się zarumienią.

f) Umieść po jednej kieszeni na każdym z czterech talerzy. Wyjmij wykałaczki przed udekorowaniem ćwiartkami cytryny. Podawać z brązowym ryżem.

74. Samogłowa Dijon

- ¼ szklanki majonezu
- 2 łyżki ostrej żółtej musztardy
- Sok z ½ cytryny (około 1½ łyżki)
- ¼ szklanki mąki kukurydzianej
- 1 łyżeczka drobno posiekanego świeżego estragonu
- 1 łyżka pękniętych ziaren czarnego pieprzu
- 2-3 funty filetów z samogłowa

a) Rozgrzej grill.

b) W dużej misce wymieszaj majonez, musztardę, sok z cytryny, mąkę kukurydzianą, estragon i pieprz.

c) Zanurz filety w mieszance, aż zostaną dokładnie pokryte.

d) Umieść filety na grillu i jeśli to możliwe, zmniejsz ogień do średniego. Zamknij pokrywkę i gotuj przez 6 do 8 minut. Odwrócić i gotować 4 do 5 minut dłużej, aż mąka kukurydziana będzie lekko zwęglona. Natychmiast podawaj.

75. Grillowany Pstrąg Motyl

- 3 łyżki oleju arachidowego
- 1 szklanka cienko pokrojonego shiitake
- 6-8 ząbków czosnku, drobno posiekanych
- 1-2 papryczki serrano, posiekane, obrobione
- 1 szklanka posiekanej białej kapusty
- 1 mała marchewka, obrana i julienned
- $\frac{1}{2}$ szklanki bulionu rybnego lub drobiowego
- $\frac{1}{4}$ szklanki sosu sojowego o niskiej zawartości sodu
- Sok z 1 cytryny (ok. 3 łyżki)
- 1 pstrąg motylkowy (2 funty)
- 1 łyżeczka świeżego oregano
- 1 łyżeczka soli
- 1 łyżeczka świeżo zmielonego czarnego pieprzu
- Gotowany biały ryż

a) Rozgrzej 2 łyżki oleju na dużej patelni lub woku na średnim ogniu. Smaż pieczarki, czosnek i papryczki chili przez 3-4 minuty; dodaj kapustę i marchewkę i smaż jeszcze 4 do 5 minut, aż warzywa się dokładnie podgrzeją.

b) Wlać wywar i zmniejszyć o jedną trzecią, około 5 minut. Dodaj sos sojowy, wymieszaj i zmniejsz ogień, aby się rozgrzał.

c) Skrop pozostałą 1 łyżkę oleju i sokiem z cytryny na pomalowanej motylami rybie i dopraw oregano oraz solą i pieprzem.

d) Przyprawioną rybę zabezpiecz w koszu z siatki drucianej. Połóż koszyk na grillu i gotuj przez 4 do 5 minut; odwrócić i gotować 5 minut dłużej, aż mięso będzie nieprzezroczyste.

e) Wyjmij rybę z kosza; podziel na dwie porcje i nałóż na wierzch rozgrzewający sos. Podawaj od razu z białym ryżem.

76. Pstrąg Stalowogłowy w Sosie z Czerwonego Wina

- 2 łyżki oliwy z oliwek
- 1 mały seler naciowy, drobno posiekany
- 1 mały por, tylko biała część
- 1 mała zielona papryka, posiekana
- pół funta grzybów
- 1 szklanka Beaujolais lub innego obfitego czerwonego wina
- 6 łyżek świeżego oregano, drobno posiekanego
- 1 łyżeczka pasty pomidorowej
- 1 cały pstrąg stalowogłowy
- 1 szklanka gęstej śmietany
- 1 łyżeczka soli i pieprzu

a) Rozgrzej olej na patelni lub dużej patelni na średnim ogniu, a następnie dodaj seler, por, paprykę i pieczarki. Mieszaj i gotuj na wolnym ogniu przez około 15 minut.

b) Dodać wino, 2 łyżki oregano, 2 łyżki tymianku i koncentrat pomidorowy. Zmniejsz o połowę, 10 do 12 minut. Zdjąć z ognia, przykryć i odstawić.

c) Za pomocą pędzla lub sprayu kuchennego posmaruj pstrąga równomiernie odrobiną oleju i umieść na posmarowanym olejem grillu. Zamknij pokrywkę i gotuj przez 8 do 10 minut z każdej strony.

d) W międzyczasie włóż sos z czerwonego wina do palnika na średnim ogniu. Dodaj śmietanę i często mieszaj, aby zapobiec przypaleniu. Zmniejsz płyn o około jedną trzecią; powinno to zająć około 15 minut.

e) Przełóż rybę na patelnię z sosem z czerwonego wina i obtocz pstrąga sosem. Przykryj i gotuj na małym ogniu przez około 5 minut, aż dokładnie się podgrzeje. Posyp pozostałym oregano i tymiankiem, solą i pieprzem na wierzchu i przełóż na półmisek.

f) Rybę obetnij i podziel na talerze. Podawaj z ćwiartkami cytryny.

77. Pstrąg Wędzony z Sosem Musztardowym

- 1-2 funty filetów z pstrąga jeziornego
- 1 łyżka oliwy z oliwek
- 1 średnia cebula, grubo posiekana
- $\frac{1}{2}$ małego pomidora pokrojonego w kostkę
- $\frac{1}{2}$ szklanki oliwek Gaeta lub kalamata, pestki i połówki
- $\frac{1}{2}$ szklanki wytrawnego białego wina
- $\frac{1}{4}$ szklanki świeżego tymianku, drobno posiekanego
- 2 łyżki musztardy Dijon
- 1 łyżeczka świeżego oregano, drobno posiekanego
- 1 łyżeczka świeżo zmielonego czarnego pieprzu

- cząstki cytryny

a) Przygotuj grill do grillowania wędzarniczego.

b) Połóż filety na chłodnej stronie wędzarni. Zamknij pokrywkę i wędź przez około 45 minut. Obróć i kontynuuj wędzenie 45 minut dłużej lub do momentu, gdy miąższ będzie jędrny w dotyku.

c) Wyłącz grzanie, umieść filety na górnej półce rozgrzewającej grilla i zamknij pokrywę.

d) Aby zrobić sos, na oleju podsmaż cebulę, pomidor i oliwki w dużym, odkrytym rondlu na średnim ogniu przez 4-5 minut. Zamieszać.

e) Powoli dodaj wino, tymianek, musztardę, oregano i pieprz. Mieszaj i gotuj na wolnym ogniu przez 4 do 5 minut lub do zmniejszenia o połowę.

f) Podziel pstrąga na cztery części; połóż na ciepłych talerzach i łyżce sosu z boku. Podawaj z ćwiartkami cytryny.

78. Grillowany Okoń z Krwawą Pomarańczą

- 2 funty filetów z okonia (od 4 do 8 filetów, w zależności od wielkości)
- Sok z $\frac{1}{2}$ pomarańczy (około 4 łyżek)
- 1 łyżka czystego syropu klonowego
- $\frac{1}{2}$ łyżeczki soli morskiej
- Posiekane szalotki do dekoracji
- Sałatka z Krwawej Pomarańczy
- Gotowany kasza bulgur lub kasza jęczmienna

a) Połącz filety, sok pomarańczowy, syrop klonowy i sól w pojemniku. Przykryj i wstaw do lodówki na 30 minut.

b) Rozgrzej grill.

c) Wyjmij filety z pojemnika, osusz i umieść na naoliwionym grillu. Gotuj przez 3 do 4 minut. Obróć i gotuj 4 minuty dłużej, aż filety będą jędrne w dotyku.

d) Udekoruj szalotką. Podawaj od razu z sałatką z krwawej pomarańczy i kaszą bulgur.

79. Grillowany Sandacz Z Winogronami

- 1½ do 2 funtów filetów z sandacza
- 2½ szklanki kudłatych grzyw
- ½ szklanki mrożonego soku z białych winogron
- ½ szklanki likieru o smaku pomarańczowym
- 4 łyżki masła niesolonego
- 1 szklanka gronowych winogron, pokrojonych na pół
- 2 łyżki świeżo zmielonego czarnego pieprzu
- skórka z 1 pomarańczy

a) Posmaruj grillem i skórką filety olejem. Gotuj filety przez 4 do 5 minut. Odwrócić i gotować 3 do 4 minut dłużej lub do momentu, aż miąższ będzie jędrny w dotyku. Przełóż na półkę grzewczą i trzymaj w cieple.

b) W międzyczasie, aby zrobić sos, podsmaż grzyby na maśle w niereaktywnym rondlu, aż pieczarki będą miękkie. Dodaj sok winogronowy i likier. Zwiększ ogień na średnio-wysoki i gotuj przez 5 do 6 minut lub do momentu, gdy płyn zmniejszy się o około jedną trzecią.

c) Dodaj winogrona i pieprz oraz $\frac{1}{2}$ skórki i mieszaj przez 1 do 2 minut.

d) Podzielić sandacza na cztery części. Sos nalej chochlą na cztery talerze i połóż na wierzchu filety.

e) Udekoruj resztą skórki pomarańczowej i od razu podawaj.

80. Walleye Hash Browns

- 1 funt fileta z sandacza
- 2 średnie ziemniaki Yukon, obrane i juliened
- ½ szklanki drobno posiekanej czerwonej cebuli
- ¼ szklanki ciężkiej śmietany
- 2 łyżki mąki uniwersalnej
- 2 łyżki musztardy Dijon
- 2 łyżki startego parmezanu
- 1 łyżeczka oleju rzepakowego
- 4 łyżki masła niesolonego

a) Rozgrzej grill.

b) Grilluj filet przez 4 do 5 minut z każdej strony, aż stanie się twardy i nieprzezroczysty. Ostudzić, a następnie rozdrobnić filet i odstawić.

c) Delikatnie wymieszaj filet w płatkach, ziemniaki, cebulę, śmietanę, mąkę, musztardę i parmezan w dużej misce.

d) Na desce do krojenia uformuj masę w duży kotlet, uważając, aby jej nie połamać. Powinien przypominać duży naleśnik.

e) Rozgrzej olej i 2 łyżki masła na dużej patelni na średnim ogniu. Używając dwóch łopatek ostrożnie umieść pasztecik na patelni. Smaż na średnim ogniu, aż się zarumieni, około 10 minut.

f) Delikatnie obróć kotleta i pokryj pozostałym masłem. Smaż 10 minut dłużej, aż ziemniaki całkowicie się zrumienią.

g) Pokrój na cztery ćwiartki i podawaj na gorąco.

81. Żabnica w marynacie orzechowej

- 1 puszka (14 uncji) niesłodzonego mleka kokosowego
- 3 łyżki chrupiącego masła orzechowego
- 3 łyżki ciemnego sosu sojowego (znajduje się na rynkach azjatyckich lub w azjatyckiej części niektórych supermarketów)
- $1\frac{1}{2}$ funta polędwicy z żabnicy
- 1 łyżeczka oleju roślinnego
- 4-5 ząbków czosnku, drobno posiekanych
- 2 łyżki drobno posiekanego świeżego imbiru
- $\frac{1}{2}$ szklanki cydru jabłkowego
- 4-6 dużych szalotek, drobno posiekanych

a) W niereaktywnym pojemniku wymieszaj mleko kokosowe, masło orzechowe i sos sojowy. Polędwiczki marynować w mieszance przez 1 do 2 godzin pod przykryciem w lodówce.

b) Polędwiczki wyjąć z marynaty, odcedzić i odstawić. Wyrzuć marynatę.

c) Rozgrzej grill.

d) Połóż polędwiczki z żabnicy na posmarowanym olejem ruszcie. Grilluj przez 6 do 8 minut; obróć i grilluj przez 6 do 8 minut dłużej lub do momentu, gdy polędwiczki będą jędrne po naciśnięciu palcem.

e) Rozgrzej olej na średnim ogniu w dużym rondlu. Smaż czosnek i imbir przez 2-3 minuty lub do miękkości. Dodaj cydr, mieszaj przez 1 minutę, a następnie posyp szalotką. Wyłącz ogrzewanie.

f) Podziel polędwiczki na cztery porcje. Nałóż sos na każdy z nich i natychmiast podawaj.

82. Żabnica-Persimmon Kieszenie

- 4 liście kapusty włoskiej, gotowane
- 1 łyżeczka oleju sezamowego
- 1 łyżeczka sezamu
- 1 mała papryczka jalapeno, drobno posiekana
- 1 średnia czerwona cebula pokrojona w 16 plasterków
- 2 świeże persymony, każda pokrojona na 8 plastrów
- 1 funt polędwicy z żabnicy
- $\frac{1}{2}$ łyżeczki pękniętych ziaren czarnego pieprzu
- Szczypta soli

a) Rozłóż liście kapusty płasko, posmaruj je połową oleju sezamowego i posyp połową sezamu i papryczki jalapeño.

b) Połóż dwa plasterki cebuli i dwa plasterki persimmon na każdym kawałku kapusty tak, aby cebula przylegała do liścia kapusty.

c) Na cebulę i plastry persimmon położyć po jednym kawałku ryby. Na wierzch z pozostałą persimmon i cebulą.

d) Posmaruj pozostałym olejem i posyp pozostałymi ziarnami sezamu i papryczką jalapeño. Dopraw pieprzem i solą.

e) Naciągnij boki liści kapusty jak kopertę i zabezpiecz wykałaczką. Zaciągnij końce i zabezpiecz kolejną wykałaczką.

f) Umieść kieszenie na ruszcie na środku wędzarni. Gotuj przez 10 do 12 minut. Okazjonalne płomienie gasić wodą.

g) Odwróć kieszenie i gotuj kolejne 10 minut.

83. Coho . z grilla Hoisin

- skórka z 1 cytryny i sok z $\frac{1}{2}$ cytryny
- $\frac{1}{4}$ szklanki sosu sojowego o niskiej zawartości sodu
- 2 łyżki pękniętych ziaren czarnego pieprzu
- 2 funty filetów z coho
- $\frac{1}{2}$ szklanki sosu hoisin
- Posiekany szczypiorek do dekoracji
- Posiekana czerwona papryka do dekoracji

a) W małej misce wymieszaj skórkę i sok z cytryny, sos sojowy i ziarna pieprzu.

b) Zalej filety marynatą i wstaw do lodówki na 30 minut.

c) Rozgrzej grill.

d) Wyjmij filety z marynaty, odcedź i osusz. Pędzlem do fastrygowania posmaruj połowę sosu hoisin z obu stron coho.

e) Umieść filety bezpośrednio na ogniu i gotuj przez 4 minuty. Posmaruj pozostałym sosem i odwróć. Gotuj jeszcze 4 minuty lub do lekkiej miękkości w dotyku. Grilluj ryby krócej dla krwistych, dłużej dla dobrze wysmażonych.

f) Rybę podzielić na cztery talerze, udekorować szczypiorkiem i czerwoną papryką i od razu podawać.

84. Grillowany Halibut w Mleku Kokosowym

- 4 steki z halibuta o grubości 1 cala, około 2 funtów
- 1 łyżka oleju roślinnego
- 4-6 ząbków czosnku, drobno posiekanego
- ¼ szklanki drobno posiekanego świeżego imbiru
- ¼ szklanki drobno posiekanej papryczki jalapeño
- 1-2 filety z sardeli, posiekane
- ¾ filiżanka wywaru z kurczaka
- ½ szklanki mleka kokosowego, niesłodzonego
- 1/3 szklanki sosu pomidorowego
- ¼ szklanki ciemnego sosu sojowego
- Świeżo zmielony czarny pieprz
- ½ pomidora pokrojonego w kostkę
- 1 łyżka czystego syropu klonowego
- 2 szklanki makaronu ryżowego
- 1 łyżka oleju sezamowego

- 6–8 dużych szalotek
- cząstki cytryny

a) Grilluj halibuta na posmarowanym olejem ruszcie przez około trzy czwarte żądanego czasu, 3 do 4 minut z każdej strony.

b) Rozgrzej olej w dużym rondlu lub woku i podsmaż czosnek, imbir, papryczki jalapeño i anchois na średnim ogniu przez 3-4 minuty.

c) Dodaj bulion, mleko kokosowe, sos pomidorowy, sos sojowy i czarny pieprz do smaku; gotować na średnim ogniu przez 7 do 8 minut lub do zmniejszenia o połowę. Dodaj pokrojonego w kostkę pomidora i gotuj jeszcze przez 3 do 4 minut.

d) Podsmaż makaron w oleju sezamowym, aż będzie ciepły. Dodaj około jednej trzeciej sosu z patelni i wymieszaj.

e) Rozłóż ciepłe grillowane steki z halibuta na patelni z pozostałym sosem, polej sosem steki i obróć, aby się pokryły.

f) Posyp halibuta szalotkami i podawaj z makaronem i ćwiartkami cytryny.

85. Cytrynowy Sorbet - Glazurowany Mahi-Mahi

- 2 szklanki mrożonego sorbetu cytrynowego
- Sok z 1 dużej cytryny (3 do 4 łyżek stołowych) i skórka z 1 dużej cytryny (około 1 łyżki stołowej)
- 2 funty filetów mahi-mahi o grubości 1 cala
- Posiekana świeża kolendra do dekoracji

a) Rozgrzej grill.

b) Rozpuść sorbet przez 4 do 5 minut w 4-litrowym rondlu lub dużym rondlu na średnim ogniu.

c) Dodaj sok z cytryny i połowę skórki, zmniejsz ogień, gotuj i zmniejsz o jedną trzecią, około 8 minut.

d) Zdjąć z ognia i odstawić do ostygnięcia.

e) Połóż filety na talerzu i nałóż na nie połowę schłodzonego sosu, dokładnie obracając.

f) Przełóż steki na grilla i gotuj 4-5 minut. Obróć, posmaruj zarezerwowany sos na wierzchu i gotuj przez 5 minut dłużej, aż ryba będzie jędrna w dotyku.

g) Udekoruj pozostałą skórką z cytryny i kolendrą.

86. Farsz Tilapii i Kawiarni

- 2 bułeczki, pokrojone na małe kawałki
- 1 bułeczka, połamana na kawałki
- 1 rogalik, połamany na kawałki
- $\frac{1}{4}$ małej czerwonej cebuli, grubo posiekanej
- 1 średniej wielkości pomarańcza, pokrojona na kawałki
- 4 duże jajka
- Sól i świeżo zmielony czarny pieprz
- 2 funty tilapia
- 1 cytryna, pokrojona na ćwiartki

a) W misce malaksera rozdrabniaj kawałki bajgla, kawałki rożki, kawałki rogalika, cebulę, kawałki pomarańczy, jajka oraz sól i pieprz do smaku przez 10 do 15 sekund lub do momentu, gdy składniki zostaną dokładnie wymieszane, ale nie zmiksowane . Być może będziesz musiał to zrobić w dwóch lub trzech partiach. Odłóż farsz do miski.

b) Rozłóż cztery oddzielne kawałki folii. Na każdy filet połóż po jednym kawałku tilapii i nałóż na każdy filet warstwę farszu o grubości $\frac{1}{2}$ cala (każdy zużyjesz około $\frac{1}{2}$ szklanki). Na każdą z nich wyciśnij ćwiartkę cytryny. Możesz mieć resztki farszu, które można zamrozić do innego użytku.

c) Ściśnij folię u góry. Umieść pakiety foliowe na grillu na dużym ogniu. Gotuj przez około 10 minut. Być może będziesz musiał sprawdzić, czy farsz jest dokładnie podgrzany; jeśli nie, wróć do grilla (i odwróć ostrożnie) na dodatkowe 4 do 5 minut.

d) Zdejmij z grilla i pozwól gościom otworzyć paczki i samemu usunąć zawartość, aby uzyskać bardziej świąteczną prezentację.

87. Pompano . z grilla z curry

- 1 łyżka oliwy z oliwek
- 1 średnia cebula, drobno posiekana (około 1 szklanki)
- 4-5 ząbków czosnku, drobno posiekanego
- 1 łyżka drobno posiekanej galangalu (lub imbiru)
- $\frac{1}{2}$ szklanki jasnego mleka kokosowego
- 2 laski trawy cytrynowej, posiniaczone (lub 2 szerokie paski skórki z cytryny)
- 1 łyżeczka chili w proszku (lub ostry sos do smaku)
- 1 łyżeczka curry w proszku
- 1 łyżeczka mielonej kurkumy

- $\frac{1}{2}$ łyżeczki mielonego cynamonu
- $1\frac{1}{2}$ funta filetów pompano o grubości około 1 cala
- Sok z $\frac{1}{2}$ cytryny (około $1\frac{1}{2}$ łyżki)
- cząstki cytryny

a) Rozgrzej olej na dużej patelni na średnim ogniu. Podsmaż cebulę, czosnek i galangal przez 3-4 minuty.

b) Dodaj mleko kokosowe, trawę cytrynową, chili w proszku, curry, kurkumę i cynamon. Gotuj przez około 5 minut lub do momentu, gdy płyn zmniejszy się o jedną trzecią. Zmniejszyć ogień do niskiego poziomu.

c) Rozgrzej grill.

d) Połóż filety na grillu posmarowanym olejem, skrop sokiem z cytryny i gotuj przez 4-5 minut. Obróć i gotuj przez 4 do 5 minut dłużej lub do momentu, aż ryba będzie jędrna w dotyku.

e) Zdejmij filety z grilla, polej je ciepłym sosem, podziel na cztery porcje i podawaj od razu z ćwiartkami cytryny.

88. Bluefish z pomidorem i bazylią

- 2 funty filetów z błękitnej ryby
- Sok z 2 limonek i skórka z 1 limonki
- 2 łyżeczki soli morskiej
- 4-5 średnich pomidorów, pokrojonych w kostkę
- 1 szklanka posiekanej świeżej bazylii
- $\frac{1}{4}$ szklanki dobrej jakości oliwy z oliwek z pierwszego tłoczenia
- 1 łyżka świeżo zmielonych ziaren różowego i zielonego pieprzu
- 3-4 ząbki czosnku, mielone

a) Filety ułożyć w niekorodującym pojemniku i polać sokiem z 1 limonki (ok. 2 łyżki stołowe) i 1 łyżeczką soli. Wstaw do lodówki na 30 minut.

b) W dużej misce wymieszaj pozostałe 2 łyżki soku z limonki, 1 łyżeczkę soli, pomidory, bazylię, oliwę, ziarna pieprzu, czosnek i skórkę. Dobrze wymieszaj i odstaw na bok.

c) Rozgrzej grill.

d) Wyjmij filety z błękitnej ryby z marynaty, odcedź i przełóż na grilla.

e) Umieść filety bezpośrednio na ogniu i gotuj przez 5 minut; odwrócić i gotować 5 minut dłużej, aż ryba będzie jędrna w dotyku.

f) Przełóż filety na ciepłe talerze, nałóż na każdy sos i natychmiast podawaj.

89. Grillowany Shad z Morels

- 2 łyżki masła niesolonego
- 1 łyżeczka oliwy z oliwek
- 2 szklanki smardze, oczyszczone i pokrojone w plastry
- ½ łyżeczki soli morskiej
- 1 łyżka świeżo zmielonego czarnego pieprzu
- 1 łyżka brandy
- 1 filet z shad bez kości, około 1 funta

a) Roztop masło w średniej wielkości rondlu na średnim ogniu. Dodaj olej i podsmaż smardze, sól i pieprz przez 8 do 10 minut (12 do 15 minut, jeśli są duże), pod przykryciem.

b) Odsłoń, dodaj brandy, jeśli używasz, i zmniejsz o około jedną trzecią, 2 do 3 minut. Wyłącz ogrzewanie, ale trzymaj ciepło na małym ogniu.

c) Połóż filet na posmarowanym olejem grillu. Gotuj przez 4 do 5 minut; odwrócić i gotować przez 4 do 5 minut dłużej lub do momentu, aż ryba będzie nieprzezroczysta. Podziel na pół i przełóż na dwa ciepłe talerze. Łyżką smardze z boku.

90. Wędzona ikra Shad

- świeża ikra parszycza we własnym worku, $\frac{1}{2}$ do 1 worka na osobę
- cząstki cytryny

a) Przygotuj grill do grillowania wędzarniczego.

b) Obficie spryskaj ruszt i spód worków z ikry sprayem do gotowania. Połóż worki na mocno naoliwionych 12-calowych aluminiowych kwadratach po chłodnej stronie grilla. Wędzić przez $1\frac{1}{2}$ godziny przy zamkniętej pokrywie.

c) Ostrożnie wyjmij łopatką i natychmiast podawaj z ćwiartkami cytryny.

91. Shad Wędzony z Gazpacho

- Sok z 1 cytryny
- 2 funty filetów z shad bez kości
- 2 łyżki pękniętych ziaren czarnego pieprzu
- 1 łyżka soli morskiej
- 1 puszka (14½ uncji) duszonych pomidorów
- 1 łyżka oliwy z oliwek
- 2 łyżeczki octu jabłkowego
- ½ łyżeczki mielonej kolendry
- ½ łyżeczki mielonego kminku
- ½ łyżeczki ostrego sosu, plus dodatkowo w razie potrzeby
- ½ łyżeczki suszonego oregano
- 1 angielski ogórek
- 1 mała zielona papryka, grubo posiekana
- 1 mała słodka biała cebula, grubo posiekana

- 8 ząbków czosnku, posiekanych
- 1 średni pomidor, grubo posiekany

a) Skrop $1\frac{1}{2}$ łyżki soku z cytryny na filety z shad i dopraw 1 łyżeczką ziaren pieprzu i $\frac{1}{2}$ łyżeczki soli.

b) Wędzić na chłodnej stronie grilla przez $1\frac{1}{2}$ godziny lub do momentu, gdy filety nabiorą złotego odcienia, ale pozostaną miękkie. Wyjmij i przechowuj w lodówce przez co najmniej 12 godzin.

c) Aby zrobić gazpacho, wymieszaj w misce malaksera pozostały sok z cytryny, pieprz i sól oraz duszone pomidory, olej, ocet, kolendrę, kminek, ostry sos i oregano.

d) Dodaj połowę ogórka, połowę papryki, połowę cebuli i połowę czosnku. Pulsować pięć lub sześć razy, a następnie przenieść do dużej miski.

e) Dodaj pomidora i pozostałe posiekane warzywa i dokładnie wymieszaj. Przykryj i przełóż do lodówki na co najmniej 12 godzin.

92. Lucjan czerwony wędzony z liści herbaty

- 6 łyżek suszonych liści czarnej herbaty
- 3–4 anyż, kruszony
- 4–6 ząbków czosnku, drobno posiekanych
- 2 łyżki mielonego cynamonu
- 2 łyżki sosu sojowego o niskiej zawartości sodu
- 1 łyżka czystego syropu klonowego
- 1 cały snapper, od $2\frac{1}{2}$ do 3 funtów, bez kości i motyli
- Chutney Papai Papai
- Ugotowany brązowy ryż

a) Przygotuj grill do grillowania wędzarniczego.

b) Zmieszaj liście herbaty, anyż, czosnek, cynamon, sos sojowy i syrop klonowy na pastę. Wcieraj pastę w mięso ryby szpatułką.

c) Naoliwić ruszt i skórkę lucjana sprayem do gotowania lub pędzlem. Połóż snappera na chłodnej stronie grilla i zamknij pokrywę. Dym $1\frac{1}{4}$ godziny; odwrócić i wędzić $1\frac{1}{4}$ godziny dłużej lub do momentu, gdy ryba nabierze złotego koloru.

d) Zdejmij lucjana z ognia, podziel każdą stronę na dwie porcje i natychmiast podawaj z Papa's Papaya Chutney i brązowym ryżem.

93. Żółtówka wędzona nad koprem włoskim

- ½ łodygi świeżego kopru włoskiego, przekrojonego wzdłuż na pół
- 2 funty filetów z żółtego ogona
- cząstki cytryny
- Sos Koperkowo Musztardowy

a) Przygotuj grill do grillowania wędzarniczego.

b) Umieść około 2 szklanki suszonych ziaren kukurydzy na środku wędzarni lub na 18-calowej kwadratowej wytrzymałej folii aluminiowej. Umieść koper w środku kukurydzy. Przykryj i umieść bezpośrednio nad źródłem ciepła.

c) Poczekaj, aż kukurydza i koper zaczną palić, około 10 minut. Filety połóż na chłodnej stronie grilla, na posmarowanych olejem rusztach. Zamknij pokrywkę i wędź przez 1 do $1\frac{1}{2}$ godziny lub do momentu, gdy ryba będzie lekko złocista. Podnoś pokrywę tylko od czasu do czasu, aby sprawdzić, czy nie ma płomieni. W razie potrzeby zalać wodą.

d) Filety zdjąć z ognia, podzielić na cztery porcje i podawać na ciepło z ćwiartkami cytryny i sosem koperkowo-musztardowym.

94. Wędzony Konował

- ½ szklanki oliwy z oliwek
- Sok z 1 cytryny
- 2 łyżki drobno posiekanego oregano
- 2 łyżki drobno posiekanego tymianku
- 1 łyżeczka soli
- 1 łyżka świeżo zmielonego czarnego pieprzu
- 2 funty filetów z krakera
- Chutney Papai Papai

a) W dużej misce wymieszaj oliwę, sok z cytryny, oregano, tymianek, sól i pieprz.

b) Umieść krakacza w plastikowej torebce o pojemności 1 galona lub w szklanej blasze do pieczenia. Zalej rybę marynatą i wstaw do lodówki na 1 do 2 godzin.

c) Przygotuj grill do grillowania wędzarniczego.

d) Wyjmij krakersa z marynaty, osusz i połóż na chłodnej stronie wędzarni. Zamknij pokrywkę i wędź przez około 1 godzinę. Temperatura grilla powinna być utrzymywana na poziomie 200 do 250 ° F.

e) W razie potrzeby uzupełnij kukurydzę lub wióry drzewne, odwróć rybę i wędź przez 1 do $1\frac{1}{2}$ godziny dłużej, aż filety będą złote. Podawaj na ciepło z Papa's Papaya Chutney.

95. Skate z Szafranem i Sultanami

Służy 4

- 2 oskórowane i przycięte skrzydła łyżew
- 100 ml oliwy z oliwek z pierwszego tłoczenia
- 6 ząbków czosnku, drobno posiekanych
- 1 x 400g puszka dobrej jakości pomidorów śliwkowych
- 30g (1¼ uncji) sułtanek
- szczypta pasemek szafranu
- szczypta pokruszonych suszonych chilli
- 2 świeże liście laurowe
- 1 łyżeczka cukru pudru
- 1 łyżeczka małych kaparów, odsączonych i wypłukanych

a) Najpierw zrób sos. Na średniej wielkości patelnię wlej oliwę z oliwek i czosnek. Ustawić na średnim ogniu i jak tylko czosnek zacznie skwierczeć, dodać pomidory, sułtanki, szafran, suszone papryczki chilli, liście laurowe, cukier i $\frac{1}{2}$ łyżeczki soli. Doprowadź do delikatnego wrzenia i gotuj przez 30 minut, od czasu do czasu mieszając i rozdrabniając pomidory drewnianą łyżką. Usuń liście laurowe, dopraw do smaku solą i pieprzem i trzymaj w cieple.

b) W dużym, płytkim rondlu zagotuj 1,5 litra ($2\frac{1}{2}$ pinty) wody. Dodaj 1 łyżkę soli i skrzydełka łyżwy i gotuj je delikatnie przez 10 minut, aż będą ugotowane.

c) Wyjmij skrzydła łyżew z wody na deskę i pokrój je na dwie lub trzy części. Nałóż nieco ponad połowę sosu pomidorowego na spód podgrzanego owalnego naczynia do serwowania i ułóż na nim kawałki łyżew. Nałóż resztę sosu na środek łyżki, posyp kaparami i podawaj.

96. John Dory Chowder

Służy 4

- 500g (1lb) małży, oczyszczonych
- 150ml ($\frac{1}{4}$ pinty) cydru kornwalijskiego
- 25g (1 uncja) masła
- 100g kawałka wędzonego boczku wędzonego bez skórki
- 1 mała cebula, drobno posiekana
- 20g ($\frac{3}{4}$oz) mąki pszennej
- 1 litr (1 1/2 pinty) pełnotłustego mleka
- 2 ziemniaki
- 1 liść laurowy
- 225 g (8 uncji) fileta Johna Dory
- 120ml śmietanki kremowej

- szczypta pieprzu cayenne
- sól i świeżo zmielony biały pieprz
- 2 łyżki świeżo posiekanej natki pietruszki

a) Oczyszczone małże i cydr przełóż do średniej wielkości rondla na dużym ogniu. Przykryj i gotuj przez 2-3 minuty lub do momentu, aż się otworzą, od czasu do czasu potrząsając patelnią.

b) W drugiej patelni roztopić masło, dodać boczek i smażyć na lekko złocisty kolor. Dodaj cebulę i smaż delikatnie przez 5 minut lub aż cebula zmięknie.

c) Dodaj mąkę i gotuj przez 1 minutę. Stopniowo dodawaj mleko, a następnie dodaj ostatnią łyżkę lub dwie likieru do gotowania małży. Dodać ziemniaki i liść laurowy oraz 1 płaską łyżeczkę soli i dusić.

d) Usuń liść laurowy, dodaj kawałki John Dory i gotuj na wolnym ogniu przez 2-3 minuty lub do momentu, gdy ryba będzie gotowa. Dodaj śmietanę kremówkę.

e) Zdejmij z ognia i zamieszaj małże.

97. Goujons z Cytryny Sole

Służy 4

- 450g (1lb) obranych filetów z cytryny
- 100g (4oz) świeżej białej bułki tartej
- 25g (1oz) parmezanu, drobno startego
- $\frac{1}{2}$ łyżeczki pieprzu cayenne
- olej słonecznikowy do smażenia
- 50g (2oz) mąki pszennej
- 3 jajka, ubite
- ćwiartki cytryny do podania

a) Pokrój filety rybne ukośnie na paski o średnicy około $2\frac{1}{2}$ cm (1 cal). Wymieszaj bułkę tartą z startym parmezanem i pieprzem cayenne, a następnie odstaw. Rozgrzej trochę oleju do smażenia w głębokim tłuszczu do 190°C/375 °F lub do momentu, gdy kostka jednodniowego chleba zrumieni się w ciągu około minuty. Wyłóż blachę do pieczenia dużą ilością papieru kuchennego.

b) Obtocz goujons po kilka naraz w mące, następnie w ubitym jajku, a na końcu w bułce tartej, upewniając się, że wszystkie przybrały równą warstwę i pozostały oddzielne.

c) Wrzuć niewielką garść goujons do oleju i smaż w głębokim tłuszczu przez około 1 minutę, aż będą chrupiące i złociste. Wyciągnij łyżką cedzakową na wyłożoną papierem blachę do pieczenia, aby odsączyć i powtórz z pozostałą rybą, upewniając się, że olej najpierw wrócił do temperatury.

d) Ułóż goujons na czterech podgrzanych talerzach i udekoruj ćwiartkami cytryny. Jeśli chcesz, podawaj z mieszaną sałatką z całych liści lub ziół, po prostu polaną odrobiną oliwy z oliwek z pierwszego tłoczenia i odrobiną przypraw.

98. Jajka po benedyktyńsku z łupaczem

Służy 4

- 300 ml (½ litra) mleka
- 3 liście laurowe
- 2 plastry cebuli
- 6 czarnych ziaren pieprzu
- 4 kawałki wędzonego fileta z plamiaka
- 1 łyżka octu z białego wina
- 4 jajka
- 2 angielskie babeczki
- dobrej jakości sos holenderski do podania
- dekorować
- grubo zmiażdżone czarne ziarna pieprzu
- kilka odciętych świeżego szczypiorku

a) W płytkim rondlu zagotować mleko i 300 ml wody. Dodaj liście laurowe, cebulę, ziarna pieprzu i wędzone kawałki łupacza, ponownie zagotuj i gotuj przez 4 minuty. Plamiak wyłożyć na talerz, obrać ze skóry i ogrzać.

b) W średniej wielkości rondelku zagotuj około 5 cm (2 cale) wody, dodaj ocet i zredukuj do delikatnego wrzenia. Wbij jajka na patelnię pojedynczo i gotuj przez 3 minuty. W międzyczasie pokrój babeczki na pół i podpraż, aż się lekko zrumienią. Wyjmij jajka w koszulce łyżką cedzakową i krótko odsącz na papierze kuchennym.

c) Aby podać połówki muffinki, połóż je na czterech podgrzanych talerzach i połóż na wierzchu łupacza i jajka w koszulce. Nałóż łyżkę sosu holenderskiego i udekoruj posiekanym czarnym pieprzem i posiekanym szczypiorkiem.

99. Japońskie Ciastka Rybne z Imbirem

Służy 4

- 3 pstrągi tęczowe, filetowane
- 4 cm (1½ cala) kawałek świeżego korzenia imbiru
- 3 tłuste dymki, drobno posiekane
- 4 pieczarki kasztanowe, drobno posiekane
- odrobina oleju do smażenia
- na sałatkę
- 100g (4 uncje) rakiety
- 2 łyżeczki ciemnego sosu sojowego
- 1 łyżeczka prażonego oleju sezamowego
- 1 łyżeczka zimnej wody
- szczypta cukru pudru

a) Filety z pstrąga obrać ze skóry, a następnie obić szpilkami, a następnie pokroić wzdłuż na długie, cienkie paski. Teraz połącz te paski razem i pokrój je na bardzo małe kawałki – nie powinieneś robić z ryby bardzo drobnej pasty, ale nie może być zbyt gruba lub nie będzie się trzymać razem.

b) Włóż rybę do miski z imbirem, dymką, pieczarkami oraz solą i pieprzem. Dobrze wymieszaj, a następnie podziel mieszaninę na osiem części i lekko wilgotnymi rękami uformuj placki o średnicy około $7\frac{1}{2}$ cm (3 cale).

c) Rozgrzej lekko naoliwioną, nieprzywierającą patelnię na średnim ogniu. Dodaj placki rybne i smaż przez około $1\frac{1}{2}$ minuty z każdej strony, aż się zarumienią i upieczą. Połóż na rozgrzanych talerzach i ułóż obok siebie trochę rukoli. Wymieszaj pozostałe składniki sałatki, aby zrobić dressing, i skrop trochę na rukoli i trochę wokół zewnętrznej krawędzi talerzy.

100. Pieczony filet z halibuta w panierce

Wydajność: 4 Porcje

Składnik

- 1½ funta fileta z halibuta; pokroić na 4 porcje

- Sól; do smaku

- Pieprz czarny świeżo zmielony; do smaku

- 1 szklanka świeżej białej bułki tartej

- 1 szklanka natki pietruszki

- 2 Ząbki czosnku

- 2 łyżki oliwy z oliwek

- 1 szklanka bulionu z kurczaka

- 1 czerwona papryka

- 2 szklanki gotowanej soczewicy

a) Rozgrzej piekarnik 425 stopni. Dopraw halibuta solą i pieprzem. Do robota kuchennego dodaj bułkę tartą, pietruszkę i czosnek i mieszaj, aż się połączą. Ułóż rybę na patelni i skrop oliwą z oliwek od góry i dołu. Grubo rozprowadź mieszankę z bułki tartej na wierzchu ryby.

b) Piecz rybę przez 8 do 10 minut. Jako pieczeń rybna włóż rosół i kawałki czerwonej papryki do rondla i zagotuj. Zmniejszyć i gotować na wolnym ogniu, aż pieprz zmięknie, około 15 minut. Dopraw solą i pieprzem. Zdejmij z ognia i pozostaw do ostygnięcia przez 5 minut. Wlej do blendera i zmiksuj sos z czerwonej papryki przez 3 minuty, aż będzie jedwabiście gładki. Wyjmij i przepuść przez drobne sitko.

c) Ułóż rybę na warstwie ciepłej soczewicy i skrop sosem z czerwonej papryki.

WNIOSEK

Dziękuję, że zabrałaś ze mną tę kulinarną podróż!

Kuchnia południowoamerykańska ma dla nas wiele smacznych niespodzianek. Z europejskim, rodzimym, a także afrykańskim pochodzeniem, brazylijskie ryby i owoce morza są naprawdę wyjątkowym przeżyciem. Dzięki doskonałym plażom, tropikalnym lasom, dzikiemu karnawałowi w Rio i poczuciu dobrego życia, kraj ten zawsze fascynował ludzi z całego świata.